Arte y Práctica de la
VISUALIZACIÓN CREATIVA

Título en inglés:
"Art & Practice of Creative Visualization"

Publicado primero por Samuel Weiser. York Beach, ME USA
Edición revisada y publicada en 1997 por Red Wheel/Weiser

Edición en español: **Febrero de 2011**
Traducido por: Juan José Alonso Rey

I.S.B.N.: 978-84-92773-04-6
Depósito Legal: B-5753-2011

Impreso por Humanitas, S.L.
Barberá del Vallés (Barcelona)

Editorial Mirach, S.L.

Apartado de correo, 77 - 28670 Villaviciosa de Odón - Madrid - (España)
Tlf. + Fax: 91 6162311

Quiero dedicar este libro a todas aquellas personas que, mediante el estudio, práctica y uso del ocultismo, procuran con tesón perfeccionarse mental, física y materialmente.

Espero que adquieran el conocimiento y la comprensión necesarios para aplicar el contenido de esta obra, y que ejercitándose provechosamente alcancen también la felicidad que ansían.

ÍNDICE GENERAL

UN MENSAJE DE OPHIEL

(Nota del editor: Ophiel murió en el año 1988 y, aunque su mensaje resulte ahora anacrónico al no poder responder a las consultas del lector, hemos querido conservar el contenido de esta introducción tal como él mismo lo hubiera presentado.)

Sin lugar a dudas, el mayor misterio que encierra este mundo es el de nuestra existencia física; pues, ¿qué sabemos de la presencia del ser humano aquí en la tierra o del propósito que le guía?

Hay personas que afirman saber todo cuanto atañe a la existencia física, y también hay quienes las escuchan ensimismados y que, prendidos de sus palabras y gestos, dan crédito a todo cuanto dicen.

Por fortuna, yo tengo un gran defecto (?), quizá por ser Capricornio, signo zodiacal regido por Saturno: el planeta que nos pone a prueba. Muchas veces desearía no tenerlo (?), y vivir así plácidamente en el paraíso de los necios; pero me niego a aceptar las fórmulas y enseñanzas que promulgan esos supuestos profetas sin antes hacerme la siguiente pregunta: ¿Es cierto lo que afirman? Acto seguido, compruebo si funcionan y si producen resultados; porque si no, concluyo que sus afirmaciones son falsas, y las tiro a la papelera sin contemplaciones.

Sin embargo, después de varios años de investigación e incertidumbre, he descubierto que todas las personas —sin excepción— poseemos ciertas facultades muy concretas, en apariencia casi divinas, y de las que a menudo no somos conscientes.

Por eso el objetivo de la vida ha de ser descubrir y desarrollar esas facultades que nos aportan felicidad, cultura e iluminación, para el propio uso y disfrute.

Mi intención al escribir este libro ha sido proporcionar un conocimiento práctico sobre una de esas facultades en particular: la visualización creativa.

Si se detiene usted por un momento a analizar, examinar y considerar nuestra existencia física, hallará que se compone, casi por completo, de "circunstancias" que impregnan la vida personal de nuestro entorno físico-existencial. Pueden clasificarse en dos tipos o clases: el primero corresponde a los sucesos mentales-emocionales-circunstanciales; mientras el segundo corresponde al aspecto material. Como principiante, tal vez esté usted profundamente interesado en el *modus operandi* de sus facultades creativas y de visualización mental, así como en todas sus vertientes. Del mismo modo, quizá le preocupe cómo afectará a su vida el desarrollo de tales facultades —haciendo hincapié en la idea de dominar la materia física aprendiendo a controlarla, y en cómo llegar a poseer las cosas materiales que tan necesarias le parecen para lograr la felicidad y el bienestar en el plano físico.

No tenga miedo, pues los intentos de visualización creativa no son nada nuevo en el desarrollo evolutivo del hombre. Ya en la noche de los tiempos, nuestros antecesores cavernícolas se procuraban las cosas y circunstancias necesarias de que carecían combinando diversos tipos de visualización creativa; sirviéndose, por supuesto, de infinidad de mecanismos físicos y mentales.

Como ya es sabido, la visualización creativa del hombre de la Edad de piedra consistía en hacer representaciones pictóricas sobre las paredes de las cavernas: imágenes que le mostraban victorioso en la caza y triunfante frente a sus enemigos; es de suponer que surtían efecto porque aquellos hombres sobrevivieron, y gracias a eso nosotros estamos aquí. En este libro deseo ofrecer una aplicación moderna de aquellas pinturas rupestres. Le ruego, entonces, que en pro de su aprendizaje y progreso estudie con atención el uso tanto antiguo como actual de este arte mágico, y que relacione ambos según su criterio.

En tiempos también inenarrables, los seres humanos consultaban a las supuestas fuerzas superiores acerca de las circunstancias favorables que les eran necesarias. Creían que esas fuerzas residían fuera de nosotros. Existen fuerzas "fuera de nosotros", llamémosles Dios o Dioses, pero aquí no abordaré esa cuestión. Únicamente deseo dirigir su atención hacia las facultades latentes que ahora posee. Y repito: todos tenemos facultades que, bien empleadas, son capaces de crear circunstancias propicias para nuestra existencia física. Una de ellas es la facultad de la visualización creativa:

No se preocupe por no saber emplear sus leyes a la perfección. Si las aprende y las utiliza lo mejor posible, funcionarán; quizá, tardarán algo más, pero funcionarán. Recuerde que todas las situaciones indeseables que ahora padece, las atrajo hacia sí mediante el uso inconsciente de tales leyes, y sin haber realizado ejercicios especiales.

No tema tampoco emplearlas, porque son la encarnación de sus facultades y forman tanta parte de usted como su propia vida. Nada malo hay en ello; el error estaría en no usarlas y permitir que el mundo físico le infrinja daño.

Así que... ¡Adelante! Haga de su vida lo que desee que sea.

¡Ánimo y en marcha!

CAPÍTULO 1

ARTE Y PRÁCTICA DE LA VISUALIZACIÓN CREATIVA

Millones de seres humanos sufren en sus carnes los reveses de la vida, sin saber que todos poseemos numerosas facultades que, bien utilizadas, podrían permitirnos controlar la existencia física material en gran medida y evitarnos muchas contrariedades. Una de esas desconocidas y mal aprovechadas facultades es la visualización creativa.

Llamamos visualización creativa a la operación mágica mediante la cual creamos en nuestra imaginación la imagen ideal de alguna cosa, circunstancia o circunstancias que consideramos beneficiosas para la comodidad física, y que acrecientan ese bienestar físico al que solemos denominar felicidad.

Una vez creada la imagen mental, ésta se hace realidad y pasa a formar parte de nuestra vida.

Muchos son ya los libros publicados que hablan del método básico. A la Visualización Creativa se le ha dado muchos nombres, pero todos se refieren a lo mismo. Veamos algunos de ellos: "Contactar con Dios para suplir las necesidades cotidianas", "crear riqueza por medio de prácticas esotéricas", "crear determinadas circunstancias conscientemente", o los "Siete Pasos", como la denomina una escuela. He aquí otro libro sobre el método de la visualización creativa.

Sin embargo, mi propósito es ahondar mucho más en este tema facilitando todo el conocimiento e información necesarios para que usted entienda, emplee y practique con éxito el increíble arte de la visualización creativa. Y lo hago con la esperanza sincera de que adquiera tanta destreza en el uso de este maravilloso arte como para alcanzar la mayor felicidad posible.

Pero antes de seguir adelante y adentrarnos definitivamente en el estudio de un sistema de visualización creativa, creo conveniente hacerse una importante pregunta: ¿Funciona o puede llegar a funcionar en realidad algún método de visualización? Si *a priori* asumimos que la respuesta es afirmativa, será lícito entonces hacerse otras preguntas, tales como: ¿de qué modo funciona? ¿funciona también con cosas trascendentes o sólo con cosas triviales? ¿A qué lógica obedece?

Empecemos por ver el hecho de considerar la idea de la existencia de algo como un método de visualización, dando fuerza a un antiguo proverbio que reza: "Cuando el río suena, agua lleva".

Por un lado, en nuestro mundo material aquí en la tierra, solemos encontrarnos con que si existe una idea, por muy supersticiosa que sea, siempre encierra algo de verdad en ella. Por lo tanto, podríamos pensar que si un método de visualización creativa no tuviera ninguna base en que apoyarse, tampoco existiría la idea de tal posibilidad.

Sin embargo, por otro lado, también hay otro antiguo adagio que dice: "Si los deseos fueran oro, todos seríamos ricos". Esto apoya todo lo contrario: que los métodos de visualización no funcionan. Si un procedimiento tan sencillo —como lo es visualizar algo que uno desea y conseguirlo— fuera tan fácil, habría una contradicción: no existirían pobres en el mundo ni gente infeliz si la felicidad dependiera de COSAS MATERIALES que uno pudiera obtener con sólo visualizarlas.

Según parece, los métodos de visualización creativa "funcionan" sólo con algunas personas. Cuando funcionan, parece ser que lo hacen sólo en determinadas ocasiones y no en todas. Del mismo modo, con unas personas funcionan instantáneamente y con otras nunca lo hacen. Podría decirse, pues, con sinceridad que estos métodos aparecen como una cuestión de acierto o error no sujetos a resultados constantes, sobre todo en el plano físico donde los resultados debieran ser predecibles y debidamente calculados.

Después de numerosos estudios y experimentaciones, creo estar en disposición de comprender en qué consiste el proceso de la visualización creativa: se trata de un arte cuyo éxito depende de un correcto conocimiento, de un correcto entendimiento y de respetar estrictamente unas reglas determinadas.

Para ser algo más explícito, añadiría que el arte de la visualización creativa, así como el del resto de los trabajos esotéricos, implica trabajar con otra clase de planos –los planos internos–, además de con el plano físico. Y trabajar con los planos internos requiere conocimiento y práctica basados a su vez en ese conocimiento y en prácticas repetitivas.

En la visualización creativa nos servimos de todos

los planos que intervienen en nuestra existencia cósmica: etérico, astral inferior, astral superior, mental y causal. Todos ellos gobernados por leyes y reglas específicas de las que no se desvían ni un ápice.

Si hemos de esperar buenos resultados definitivos en el plano físico de las operaciones realizadas en el plano interno, debemos respetar las reglas de todos los planos. Incluso cuando se cumplen fielmente, de forma correcta e inteligente, pueden darse condiciones adyacentes que impidan temporalmente su fun-

TABLA 1. Las Leyes

Nº	*Nombre de la Ley*	*Método*
1.	Ley de Visualización Física	Comentada y descrita
2.	Técnica de Visualización Física	Práctica con objetos físicos
3.	Técnica de construir objetos de visualización física —en relación con las Leyes 1 y 2.	Estudio y práctica
4.	Ley de la Esfera de Disponibilidad	Estudio
5.	Ley de la Delimitación	Estudio
6.	Ley del Amarre	Estudio
7.	Ley de la Barrera	Estudio
8.	Ley del Mapa del Tesoro	Estudio
9.	Ley de las E-mociones	Estudio
10.	Ley de la inversión de los Planos	Estudio
11.	Resumen y Ejercicios	Estudio

cionamiento. Mencionaremos algunas de ellas más adelante.

Ahora enumeraré varias leyes del plano interno, por orden de importancia y del modo más exhaustivo posible. Luego sentaré las bases de la técnica operativa de cada una de ellas. Le ruego que preste mucha atención a la ley, a la técnica y a la práctica, tal como aquí se presentan. Esfuércese en comprenderlas y dominarlas una por una. El dominio que adquiera de estas leyes y de sus prácticas constituirán su control definitivo del gran arte de la visualización creativa y le servirán de preparación para llegar a dominar otras leyes esotéricas.

Ya que las siguientes leyes gobiernan el arte de la visualización creativa, dedicaré un capítulo completo a cada una. El objeto de estudio consistirá en convertir la ley en una técnica personal, en beneficio de uno mismo. Haga lo posible por dominarlas; no se dé nunca por vencido. Si no lograra ponerlas en práctica con la perfección que lo haría un maestro, sólo indicará que necesita algo más de tiempo para obtener los resultados deseados.

En la Tabla 1 de la página 18 se da una breve descripción de cada ley y una reseña de algunos detalles de su método de estudio.

Ley número 1: Ley de la Visualización Física. Para que la visualización creativa resulte eficaz, la persona debe crear una IMAGEN mental del objeto o suceso deseado. En general, este tipo de visualización no es fácil de hacer y, a menos que se logre, el trabajo no tendrá éxito.

Ley número 2: Técnica de la Visualización Física. Descripción de la técnica, acompañada de instrucciones para llevarla a cabo. En este primer apartado se describe la mayoría de las leyes y ejercicios que aparecen al final del libro, pero en este caso se incluyen las prácticas inmediatamente después de la descripción de la técnica. Lo hago de este modo para que pueda realizar algún trabajo mientras estudia el resto de las leyes. Es decir, daré un tipo de práctica y el resto, correspondientes a otros símbolos, al final del libro.

Ley número 3: Es la continuación de las dos primeras leyes, pero con instrucciones más detalladas de cómo crear símbolos para la práctica de la visualización y otros consejos adicionales.

Ley número 4: Ley de la Esfera de Disponibilidad. Esta ley constituye uno de los factores más importantes en las operaciones mágicas de visualización creativa. Que yo sepa, esta ley no se ha enseñando antes, y su desconocimiento es la causa de los fracasos a la hora de aplicar el arte de la visualización creativa. En la última parte del libro se encuentran las prácticas de esta ley relacionadas con casos reales.

Ley número 5: Ley de la Limitación. He aquí otra ley importante. Si uno no la conoce, aunque en menor medida que algunas de las otras leyes, impide el funcionamiento del arte de la visualización creativa. No quiero dar a entender que yo haya descubierto estas leyes ni que sea la primera vez que se publican. Las leyes ya existían, pero hasta ahora nunca se las había relacionado de forma tan directa con el trabajo mágico oculto. Además, la práctica correspondiente a esta Ley se explicará en la última parte del libro, junto con casos reales, igual que el resto de las prácticas.

Ley número 6: Ley del Amarre (o de la Atadura). Esta es otra ley desconocida que afecta mucho a la visualización creativa. Comprenderla y trabajar con ella puede resultar de gran ayuda.

Ley número 7: Ley de la Barrera. Esta ley gobierna el arte de convertir las palabras en emociones y las emociones en palabras. Tratar de hacer visualización creativa sólo con palabras o sólo con emociones es un proceso difícil. Comprender esta ley puede añadir más eficacia a su trabajo.

Ley número 8: Ley del Mapa del Tesoro. Un mapa o carta del tesoro, como también se le llama, es un apoyo visual de la visualización creativa. Un mapa del tesoro bien hecho resulta de un valor fabuloso. Más adelante se ofrecen instrucciones detalladas para construir esta herramienta.

Ley número 9: Ley de las E-mociones. Rara vez se habla del papel que representan las emociones en la visualización creativa. Tras las explicaciones que siguen comprenderá cuál es el papel de éstas en la vida y el beneficio que reportan.

Ley número 10: Ley de la Inversión de los Planos. Las palabras corrientes no sirven de mucho al explicar las operaciones metafísicas finitas de las "cosas" internas. Tanto es así que para muchos ocultistas el hecho de que los planos se inviertan entre sí es casi desconocido, y a veces esta inversión se vuelve en contra. El desconocimiento de la inversión de los planos es otra de las causas por las que la visualización creativa común no funciona.

La mayoría de los casos comentados se acompañan de un resumen.

* * *

Al comienzo del libro afirmé que "se han escrito infinidad de obras sobre el método secreto de la visualización creativa"; también comenté después que "este libro es otra obra más de las muchas que versan sobre sistemas de visualización creativa". Imagine ahora que usted me hace preguntas lógicas y que yo se las respondo.

La primera pregunta lógica que se le ocurriría hacer es: "Si hay muchos otros libros escritos que ya tratan del tema, ¿por qué escribir otro?" A lo que yo le respondería: "Sí, hay muchos libros escritos sobre esta cuestión, pero las instrucciones en ellos contenidas no siempre funcionan bien o, digamos, no tan bien como para impedir que se escriba otro libro".

Su siguiente pregunta lógica podía ser: "Si las instrucciones dadas en esos libros no funcionan tan bien, ¿cómo es que sus autores se atreven a incluir en ellos consejos inservibles?" La respuesta es que "esos consejos sí funcionan, *¡pero sólo a sus autores!*"

La explicación a estas preguntas y respuestas es que, debido a un rasgo peculiar de la personalidad que estos autores solo poseen de forma natural y automática, *todas las técnicas de visualización creativa que ponen en práctica les funcionan a la perfección.*

Cuando tienen un sistema que a ellos les sirve, se apresuran a escribir un libro sobre él. Luego, los estudiantes de esoterismo corren a comprarlo con la idea de que ese sistema mágico también les va a servir a ellos. Pero dicho método unas veces funciona y otras no, dependiendo de la similitud que el estudiante tenga con el autor.

Parece ser que a estos autores nunca se les ha ocurrido pensar que sus métodos podrían no funcionarles a los demás como les funcionan a ellos. Publican sus sistemas empíricos y personales de visualización creativa y no dicen ni una sola palabra acerca de *los principios en los que se basa su método*. En realidad, el método es tan connatural a ellos que ni siquiera conocen la existencia de principios básicos. Es curioso, pero hay personas así en el mundo. Les salen bien las cosas la primera vez que lo intentan y sin ningún tipo de entrenamiento previo.

Sin embargo yo no he sido nunca una de esas personas, y he tenido que aprender a hacer las cosas estudiando primero los principios básicos y poniéndolos en práctica después. No puedo aprender de otra manera. (Si usted pertenece al grupo de los dotados naturalmente... ¡enhorabuena!).

Así que ahora me repetiré a mí mismo y diré que las leyes que gobiernan el arte de la visualización creativa se enumeran en este libro; que cada una de ellas se explica en detalle, y que sus principios básicos serán expuestos para que usted los entienda. Una vez comprendidos, podrá adaptar las leyes a sus usos y necesidades personales. Utilícelos. La existencia de principios, técnicas y reglas que pueden aprenderse demuestra que la visualización creativa es un arte del que muchos de nosotros podemos llegar a ser maestros.

La maestría en el arte de la visualización creativa es un gran paso adelante en el dominio del arte de la vida. De hecho, utilizamos la visualización creativa en cada instante de nuestras vidas. Ninguno de nosotros logra vivir ni llevar la clase de vida que quisiera, y sin embargo, todo lo que de verdad tenemos, lo que no queremos y que nos hace infelices *lo creamos nosotros mismos, para nosotros y por nosotros, mediante nuestros poderes mentales.*

Naturalmente lo hacemos de forma inconsciente, pero lo hacemos. Como decía antes, tal vez llegue el momento (y espero que este libro lo acelere) en que usted pueda tomar, y tomará, sus Poderes Divinos personales en sus manos y dirija acertadamente esta fuerza. Entonces empezará a utilizar esos poderes divinos como deben usarse y de la manera que usted debe hacerlo: correctamente y en su propio beneficio.

¿Qué significa utilizar los poderes en beneficio propio?

Fundamentalmente quiere decir que todos empleamos nuestras facultades creativas básicas en cada segundo de nuestras vidas, pero equivocadamente. ¿Y a qué me refiero cuando digo "equivocadamente"? Pues significa sobre todo usar los poderes con ignorancia. ¡El uso que actualmente hacemos de ellos es comparable al de un niño pequeño jugando con un recipiente de cinco litros de nitroglicerina!

Otro mal uso que hacemos de nuestros poderes es la irregularidad con que los empleamos. No tenemos una idea clara de lo que queremos hacer, ser o tener. Hay un sinfín de usos erróneos de tales facultades, aunque los dos mencionados bastan para arruinar la mejor de las vidas.

El tema principal de este manual es cómo manejarlas adecuadamente, para lo que se irán dando explicaciones al respecto de forma progresiva. De momento, todo lo que quiero que sepa es que para que el arte creativo surta efecto hacen falta dos cosas: 1) Saber que uno posee grandes poderes creativos; y 2) Saber que hasta ahora los ha venido utilizando con ignorancia, y por lo tanto equivocadamente, toda su vida; pero que ha llegado el momento de aprender a usarlos bien. Así que ahora, sabiendo que la eficacia de la visualización creativa está al alcance de todos, en cierto grado, aplicando adecuadamente los principios básicos, podemos proseguir.

CAPÍTULO 2

LEYES QUE GOBIERNAN LA VISUALIZACIÓN CREATIVA

La primera razón por la que el proceso de visualización creativa no funciona con la perfección que debiera para el aprendiz medio está implícita en el título de este libro: *Visualización Creativa*. La mitad del proceso consiste en un procedimiento llamado visualización. ¿Pero qué es exactamente visualizar?

Si consultamos un diccionario, nos ofrecerá la siguiente definición: "hacer o transformar en visible, sobre todo ver o formar una imagen mental; capacidad natural de formar una imagen clara de algo en la mente de uno." Es esta una capacidad que no todas las personas poseen. Por supuesto varía de unas a otras, e incluso hay diferencias entre quienes la poseen de forma natural.

He aquí, pues, una de las razones principales por las que el proceso de visualización creativa no funciona, ni puede funcionar, con todas las personas como debiera. Hace falta crear imágenes mentales claras y no todo el mundo está dotado de esa facultad natural. Yo mismo carecía de ella y tuve que esforzarme mucho para alcanzar el grado suficiente que me permitiera obtener resultados positivos. No me cabe la menor duda de que los autores de libros sobre visualización creativa poseen la facultad de crear imágenes en su mente de forma natural, y probablemente por eso nunca se les ha ocurrido pensar que otros no la poseen en el mismo grado que ellos[1]. Si no lo creyesen, no me explico por qué no habrían de incluir ejercicios para desarrollar dicha facultad en sus alumnos. Una cosa si es segura, y es que ninguno de los libros que he leído sobre este tema incluía los ejercicios que yo le voy a proponer. Éstos le permitirán desarrollar la facultad de visualización todo cuanto sea necesario para llevar a cabo su trabajo creativo.

Al principio de mis estudios esotéricos me fue imposible avanzar hasta que no desarrollé los siguientes ejercicios. Practicarlos me permitió aprender a crear imágenes mentales claras de las cosas físicas que necesitaba o anhelaba, y puedo asegurarle que cuando esas creaciones mentales eran nítidas y bien definidas conseguía mi propósito.

Ahora que ya he destacado la importancia de la visualización física, voy a proponerle que realice algunos ejercicios. (Mi intención es explicar todas la leyes, una por una, e incluir sus respectivos ejercicios prácticos en la última parte del libro. Y así lo haré

---

1. Quiero llamar su atención una vez más sobre la extraña omisión de los ejercicios prácticos referentes al desarrollo de imágenes mentales por parte de los anteriores maestros de este arte. Obviamente, como a ellos les funcionaba, supusieron que todas las personas tenían esa facultad. La falta de la misma es uno de los factores más influyentes en el fracaso de esta clase de trabajo creativo. ¿Cómo va a ser posible lograr buenos resultados sin poder visualizar?

con todas menos con la primera, de modo que tenga algo con qué ejercitarse mientras aprende el resto de las leyes.)

La práctica de la visualización relacionada con esta primera parte de la visualización creativa física y mental, será un ritual mágico en el que utilizará buena parte de su imaginación con acciones físicas. Primero aprenderá a "trabajar" el ritual físicamente y, después, mentalmente, visualizándolo al mismo tiempo. Por último lo realizará de la siguiente manera: 1) Físicamente; 2) mentalmente; y 3) física y mentalmente al mismo tiempo.

Esta es la primera parte para desarrollar en usted la facultad de la visualización. La segunda parte del método consistirá en trabajar con símbolos, que podrá hallar al final del libro. También encontrará instrucciones para crear sus propios símbolos y colorearlos. De todos modos, en la parte avanzada del libro ya debería saber construir sus propios símbolos.

Comience su primer ejercicio del siguiente modo:

Este primer ejercicio es, en apariencia, un pequeño y sencillo ritual. Si comete un error importante frenará su competencia mágica durante mucho tiempo, sólo por pensar (como yo mismo hacía) que siendo un ritual tan simple carece de importancia, descuidando con ello su aprendizaje y su práctica. Este sencillo ritual, como digo, es muy útil y muy efectivo. Apréndalo y utilícelo continuamente.

Memorice los siguientes contenidos tan bien que pueda recitarlos fácilmente sin detenerse a pensar en lo que viene después. El ritual parece fácil –y lo es– pero también algo complicado porque implica la realización de ciertos movimientos y acciones verbales. Si continúa sus estudios esotéricos –y en mi opinión debería hacerlo–, acabará comprendiendo los significados de esas palabras y acciones. Pero, de momento, haga el ritual sin introducir ningún cambio. Funcionará igualmente.

1) Tóquese la frente, y diga: ATOR (Tú eres);
2) Tóquese la parte inferior del pecho, y diga: MALKUTH (El Reino);
3) Tóquese el hombro derecho, y diga: VEGUVURAH (y el Poder);
4) Tóquese el hombro izquierdo, y diga: VEGEDULAH (y la Gloria);
5) Agarrándose las manos fuertemente delante del pecho, diga: LE-OLAHM (por los siglos de los siglos, AMÉN).

Este ritual es el preámbulo del que se ofrece a continuación:

Colóquese en el centro de una habitación con suficiente espacio para trabajar. Sitúese mirando hacia el este y visualice que sostiene una daga de acero en su mano derecha. Ahora, he aquí el primer trabajo que habrá de realizar: Consiga la foto de una daga, una daga real, o bien pida una prestada o hágase con algo que le sirva de modelo para visualizarla. Luego, concéntrese en su modelo hasta poder traer a la mente su imagen con facilidad.

El esmero y la precisión de su trabajo para planificar este y otros modelos con fines de visualización, marcarán el grado de precisión mágica que alcanzará en su trabajo de magia.

"Sosteniendo" la daga imaginaria en su mano derecha, trace una gran estrella en el aire, delante de usted, siguiendo las líneas que muestra la Figura 1. Tenga en cuenta al trazarla si es de día (mañana) o de noche. Practique muchas veces hasta que los trazos le salgan limpiamente, sin saltitos. Puede ejercitarse dibujando algunas estrellas sobre una hoja de papel, conservando sus proporciones y con movimientos lentos y pausados.

Una vez que haya perfeccionado los movimientos, añada el siguiente contenido al ritual:

Figura 1

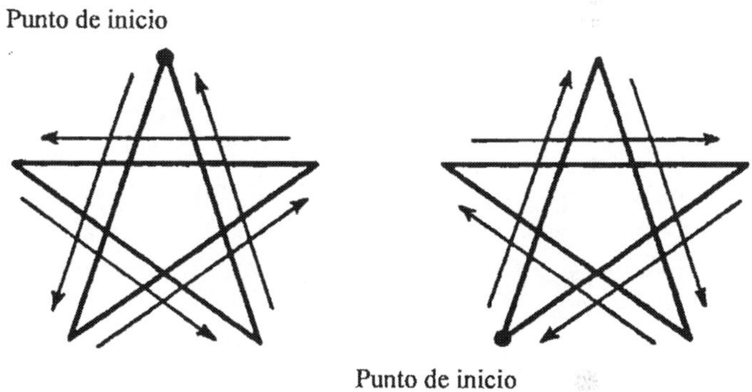

Invocación matinal — Invocación nocturna

Tome una cucharada grande de alcohol de frotar o de whisky y viértala en un platillo. Prenda el líquido y observe atentamente el color azulado que desprende la llama. —¡No vaya a malgastar el whisky o a incendiar la casa!— Fije bien en su mente el color azul de esta llama. Recuerde también su movimiento vacilante. Practique este ejercicio hasta que consiga visualizar el color y la oscilación y llevarlos a su memoria con toda perfección.

Ahora, ya podemos seguir con el ritual principal.

Sitúese mirando hacia el Este; "Empuñe" en su mano derecha la daga de acero imaginaria, y visualice la daga perfilada dentro de la vacilante llama azul. Trace el pentagrama de la estrella teniendo en cuenta el momento del día y visualizando la estrella perfilada dentro de la llama azul. Luego, pronuncie el nombre Y H V H (YOD-HEM-VAV-HEM).

Ahora "vea" a través del centro de las enormes llamas la figura de una estrella y un hermoso amanecer, con nubes de color rosáceo. El Este corresponde al elemento aire, así que sienta el aire. Imagine y sienta una brisa fresca y suave procedente de las nubes matinales que le pasa por encima y le atraviesa, una y otra vez. El viento del Este se denomina Eurus. Así que llámelo por este nombre.

Cuando gire sobre sí y se sitúe mirando al Sur, trace la estrella y pronuncie el nombre ADNI (AH-DOH-NAY). En el centro de esta estrella del Sur, "vea" la siguiente escena:

Una isla tropical. Las aguas de un mar cálido y azul batiendo contra los arrecifes de coral. Más allá de éstos se extienden unas playas inmensas de blanca arena, y al otro lado el cálido viento tropical mece suavemente las palmeras. Sienta que este viento tórrido sale de la estrella y sopla hacia usted, calentándole. El viento del Sur se llama Notus. Así que llámele y nómbrele así.

Cuando haya terminado con el lado Sur, bórrelo con delicadeza de su mente y continúe haciendo el círculo de fuego azul hasta el Oeste. Trace allí la estrella de llama azul y pronuncie el nombre AHIH (EH-HE-YEH). Visualice una cascada cayendo desde un acantilado y deshaciéndose a sus pies sobre las rocas, formando una nube de niebla y rocío. Sienta las gotas de agua pulverizada empapando su rostro, como una fina lluvia cuya humedad y frescor le calaran hasta la médula. El nombre del viento del Oeste es Céfiro, así que llámelo por este nombre.

Cuando haya terminado con el lado Oeste, continúe trazando el círculo hacia el lado Norte con su daga de fuego; trace la estrella llameante y pronuncie AGLA [AH-GAL-LAH]. El Norte es el cuarto equivalente al elemento Tierra. Estos cuartos no tienen relación alguna con los conceptos materiales de aire, fuego, agua y tierra, sino con las cualidades de dichos elementos. De ahí que el Norte no sea el Polo Norte terrestre, sino el cuarto del elemento Tierra. Es en este cuarto donde acaban todas las demás fuerzas elementales. Y repito esto: todas las "fuerzas" que penetran en el "exterior" procedentes del "interior" acaban en el cuarto Norte de la Tierra. Por eso la Tierra es el gran almacén final de todas las fuerzas, ¡ y estas fuerzas son todas las cosas! En la Tierra encontrará todas las cosas que busca, todas las que necesita para ser feliz.

Por lo tanto, cuando visualice el cuarto de Tierra a través de la estrella de llama azul, visualice primero ante sí vastos campos de grano maduro, de maíz y de otros cereales. Pasando los campos hay enormes huertas de árboles frutales cargados de toda clase de frutos. Al otro lado de las huertas se extienden inmensas praderas en las que pastan grandes rebaños. Y aún más allá de los rebaños empiezan los bosques y detrás de éstos las montañas.

Las montañas, con sus cimas cubiertas de hielo y nieve, están repletas de minerales que habitualmente utilizamos en nuestra vida diaria. Al derretirse la nieve y el hielo, grandes y abundantes arroyos descienden por sus laderas para nutrir a todo lo que crece y a todos los seres vivos de los llanos y valles. Todo es paz y abundancia, plenitud de todo lo necesario para proporcionarle a uno una vida completamente feliz. El nombre del viento del Norte es Borus; por tanto, llámelo así.

Cuando haya acabado de trabajar con el cuarto Norte, continúe haciendo un círculo de llamas hasta el Este, acabando así donde empezó. Entonces, deberá estar totalmente rodeado por un círculo de llamas azules y una estrella azul en cada cuarto.

Cierre el ritual repitiendo la Cruz Cabalística seguida de estas palabras y acciones. Se encuentra mirando hacia el este; extienda los brazos en forma de Cruz, y diga:

> Ante mí está Rafael;
> Detrás de mí, Gabriel;
> A mi derecha, Miguel;
> Y a mi izquierda, Auriel;
> Delante de mí llamea el Pentagrama y
> Detrás de mí brilla la estrella de seis rayos.

Este ritual constituye la primera parte de la práctica referente al aprendizaje de la visualización física y mental.

CAPÍTULO 3

LA ESFERA DE DISPONIBILIDAD

Llegamos ya a la ley número 4 de nuestra lista, ley a la que he denominado **La Esfera de Disponibilidad**. Este nombre designa una de las leyes ocultas más importantes jamás dadas. Todo el trabajo que haga ahora o en el futuro en la línea de la visualización creativa dependerá del conocimiento, base y teoría de esta **Esfera de Disponibilidad**.

Siento de veras reiterar que "se preste a este tema la máxima atención, y todo eso", pero en este caso es más verdad que nunca, porque desconocer esta ley resulta fatal cuando se trata de la consecución de algo mediante visualización creativa. La única razón por la que las visualizaciones mentales no consiguen "hacerse realidad" o no alcanzan la consumación física es no saber, no comprender y no tener en cuenta la existencia de la Ley de la Esfera de Disponibilidad. Una vez se ha comprendido con claridad, explica por qué las visualizaciones de algunos estudiantes se materializan fácilmente mientras que las de otros nunca prosperan, hagan lo que hagan o por mucho que se empeñen. En los siguientes ejemplos, busque aquéllos en que el trabajo de visualización se realizó de forma natural.

He bautizado la técnica que estoy a punto de explicar (como sin duda usted ya habrá adivinado) La Esfera de Disponibilidad (yo acuñé estos nombres incluso después de haberme quejado de que otros lo hicieran, así que me siento culpable[1]).

El concepto de esta ley es tan sutil que he decidido que la mejor manera de comprenderlo es ejemplificarlo con casos prácticos. Ahora ofreceré varios de estos casos sobre personas que han tenido éxito con la visualización y, a continuación, señalaré el uso correcto que hicieron de esta ley.

Voy a narrar la primera historia que oí sobre visualización creativa. Lo que sigue ha sido extraído de un libro escrito por un tal Richard Ingalese. Este hombre fue conferenciante y profesor de ocultismo en este país alrededor de finales de siglo. Al parecer, y hasta donde he podido averiguar, murió en los Ángeles hacia 1930. Tanto él como su esposa escribieron algunos libros esotéricos que, a pesar de estar un poco trasnochados, aún siguen siendo bastante buenos para los que se inician.

Ingalese, en una de sus obras sobre la Ley de la Opulencia —nombre que había elegido para designar la visualización creativa—, cuenta el caso de un joven que vivió en París hace muchos años. Este hombre procedía de una familia de traperos; es decir, se ganaba la vida

---

1. Considero que debo mencionar aquí que fueron mis repetidos fracasos con la visualización los que me llevaron a descubrir la ley de la Esfera de Disponibilidad.

rebuscando en los basureros de París y cogiendo todo lo que pudiera serle de utilidad. Pero por lo que yo sé de los franceses y de sus hábitos ahorrativos, diría que sus ganancias debían ser más bien escasas.

Aquel joven atrajo la atención de una persona muy versada en las tradiciones secretas, quien finalmente decidió ayudarle. Le entregó al joven un manuscrito y le dijo que pusiera en práctica los conocimientos que contenía. El joven así lo hizo. El manuscrito contenía instrucciones explicativas del arte de la visualización creativa, o, como se decía en él, de obtener cosas por medio del pensamiento.

Después de estudiarlo, decidió intentar poner en práctica el gran arte. (lo que sigue es muy importante):

El joven decidió, en su primera tentativa, que lo primero que necesitaba realmente era una pequeña alfombra, para ponerla junto a su cama y protegerse los pies del frío suelo de piedra cuando se levantaba por las mañanas. Empezó a visualizarla y... ¡en muy poco tiempo, una mujer se la regaló!

Esta simple demostración le convenció de tal manera del valor y del poder del arte de la visualización creativa que siguió practicándola el resto de su vida y cuando falleció poseía muchos cientos de miles de francos... y en aquellos tiempos un franco era un franco.

Ahora consideraremos un caso que conozco personalmente:

Hace muchos años yo vivía en La Jolla, California, y solía asistir a una asamblea teosófica que se celebraba una vez por semana. Como es habitual en los círculos teosóficos, los asistentes tenían orígenes diversos e ideas bien distintas en cuanto al estudio esotérico se refiere.

Recuerdo a una señora que realizaba trabajos semiesotéricos. Enseñaba, en una especie de asociación en San Diego, cómo hacer Cartas del Tesoro (como estudiaremos después) iguales a las que se enseñan a la gente de la *Union*[2] en su trabajo. Ella adaptaba sus propias ideas a estas Cartas y después las enseñaba en sus clases a modo de sistema de visualización creativa de su invención a un variado grupo de personas.

Estas personas, no teniendo nada mejor que hacer en aquel momento, tomaron la idea a broma y hubo un hombre que construyó una carta para obtener una botella de whisky, mientras otro lo hizo para conseguir una hermosa mujer.

Pero resultó que poco después alguien regaló al primero una botella de whisky y al segundo le fue presentada una mujer muy bella. Los dos hombres se asustaron tanto de lo sucedido que dejaron las clases y se negaron a volver a tener nada que ver con estas cosas.

Una vez fui propietario de una pequeña pensión, la cual me costó grandes sacrificios arreglar y decorar. Parecía imposible sacarle el menor beneficio económico. Confeccioné una carta y decidí que, de momento, me conformaría con una cierta cantidad mensual... ¡y pronto la tuve!

En otra ocasión, necesitaba una pequeña taladradora manual para un trabajo que tenía que hacer, pero no podía permitirme comprarla. Hice un trabajo de visualización (francamente, sin mucha esperanza, porque era nuevo en el juego). Varios días después fui abordado en la calle por un borracho que me ofreció una taladradora por una pequeña cantidad de dinero. No me gustó la idea de que un hombre bebido me vendiese algo por un precio

---

2. Asociación que enseña el uso práctico en la vida diaria de los principios enseñados y ejemplificados por Jesucristo.

inferior a su valor y me negué a comprarla. Entonces él arrojó la taladradora a mis pies y se marchó encolerizado, completamente indignado. ¡Desde luego, no se puede esperar milagro mayor que ese!

No estoy seguro de dónde oí el siguiente caso; no creo haberlo leído en ninguna parte. Por tanto, si estoy usando la historia de otra persona, le pido disculpas por anticipado.

Una señora vio en unos grandes almacenes un precioso sombrero y se encaprichó de él. Como no podía permitirse comprarlo, decidió conseguirlo mediante visualización creativa. Para formar en su mente la imagen exacta del sombrero, fue a los almacenes y, dejando su viejo sombrero sobre el mostrador, se puso el que le gustaba y se dirigió a un espejo para ver cómo le quedaba: quería tener en su mente la visualización de la imagen exacta. Cuando terminó de ver el sombrero, volvió al mostrador y, aunque miró por todas partes, no pudo encontrar el viejo. Después de un rato buscando le dijo a un empleado que mandase llamar al gerente, y descubrieron que otro empleado lo había vendido. El gerente le dijo que podía llevarse cualquier otro sombrero que le gustase de los almacenes. ¡Así fue como salió de allí con el sombrero que deseaba y había visualizado!

¿Cuál es el rasgo más destacado de estos casos? ¿Qué es lo que todos tienen en común? Aparte el hecho de que todos ellos obtuvieron lo que deseaban sirviéndose de la visualización, ¿no es cierto que el objeto deseado estaba razonablemente al alcance de la persona? ¿No podemos, pues, afirmar que todos los objetos fueron "obtenidos" por estas personas porque se encontraban dentro de su esfera normal de disponibilidad?

Ellos no pidieron Rolls Royces, mansiones, bolsas repletas de oro ni la Luna. ¡No! Las cosas que pidieron fueron una alfombrilla, una botella de whisky, una mujer hermosa, una taladradora y un sombrero de mujer. Cosas que ahora están ahí.

Mis investigaciones me han llevado al convencimiento de que la razón principal por la que las visualizaciones no funcionan siempre, tal y como deseamos que lo hagan, es que pedimos lo que no debemos. Es decir, no obtenemos lo que deseamos no porque Dios no quiera que las poseamos, sino porque no están dentro de nuestra esfera de disponibilidad en ese momento.

Las verdades de la metafísica divina son tan grandiosas, tan divinas, y parecen tan verdaderas, que los nuevos estudiantes al oírlas y leer sobre ellas por primera vez sienten una tentación irresistible de arrojar la precaución y la razón por la ventana e imaginar que pueden obrar milagros fácilmente, sobre todo después de haber leído unas cuantas páginas de un libro de visualización creativa.

Los nuevos estudiantes empiezan a visualizar para obtener grandes cosas, enormes y valiosas. Cosas que exceden su capacidad —no de visualizar, imaginar y desear, sino porque están mucho más allá de la capacidad actual que pueden demostrar. Lo cual resulta especialmente cierto cuando quieren tener champán con ingresos que sólo llegan para cerveza. Y esto no es ninguna broma para los que sienten estos deseos.

A fin de reforzar su comprensión de la ley de la Esfera de Disponibilidad, volveré al caso del joven trapero francés y lo compararé con otro caso que voy a narrar.

Recordará que lo primero que el joven trapero visualizó fue una alfombrilla para protegerse los pies del frío suelo de piedra por las mañanas. Este hombre no tenía nada, absolutamente nada. (En su caso, no tener nada era una bendición.) No tenía nada que pudiera cambiar por una alfombra; ni siquiera un poco de dinero con el que comprarla —nada en absoluto.

Así pues, careciendo de recursos económicos, decidió que lo que más quería y necesitaba era esa pequeña alfombra. Y como le vino pronto, por medio de su trabajo de visualización, queda demostrado, entre otras cosas, que dicho objeto estaba dentro de su esfera de disponibilidad.

Ahora contaré otro caso. Se refiere a un hombre que tenía un don especial para dirigir grandes complejos comerciales. Poseía una habilidad extraordinaria para las ventas y para dirigir eficazmente ese tipo de negocios. Estaba empleado en unos grandes almacenes, pero no le permitían desarrollar al máximo su capacidad. Era un negocio familiar, por lo que los altos cargos eran detentados por miembros de la familia que se complacían en utilizar la habilidad de nuestro hombre sin reconocerle la categoría ni el salario adecuados.

Dadas las circunstancias, no podía ocupar el puesto que anhelaba, por mucho que intentara avanzar. Conoció entonces a un trabajador metafísico y le dio permiso para que le hiciese un trabajo, gracias al cual obtuvo un puesto en uno de los comercios más grandes del mundo. Allí pronto escaló el puesto más alto y llegó a alcanzar éxitos extraordinarios en todo cuanto tocaba.

Ahora quiero que piense: ¿Tienen estos dos casos algo en común? Y, si es así, ¿qué es? Al principio parece no existir ninguna relación entre los dos, pero un examen más detallado revela que sí tenían una cosa importante en común: lo que ambos deseaban, o lo que estaban dispuestos a desear o a visualizar creativamente, se hallaba dentro de su esfera de disponibilidad.

Por favor, lea esto varias veces: Las cosas que ambos hombres deseaban y que visualizaron, aunque diferentes, —uno realizando el trabajo él mismo y el otro encargándolo a una tercera persona, pero con igual propósito—se encontraban dentro de su esfera de disponibilidad.

Para que quede del todo claro adónde quiero ir a parar, supongamos que el joven trapero, en vez de visualizar para conseguir una alfombrilla, hubiera pretendido hacerlo para obtener un puesto de alta dirección en unos grandes almacenes de París. Pues bien, aunque todo lo enseñado sobre visualización creativa es cierto y posee una fuerza enorme para proporcionarnos lo que visualizamos, el sentido común (la ley del plano físico) le dice que el joven no obtendría ese empleo fácilmente: no podría conservarlo.

Una vez más, y por muy poderosa que sea la magia de la visualización creativa, persiste el hecho de que ese hombre no está, o no estaba, capacitado para el puesto. Por esa razón, y sólo por esa, definitivamente no se encuentra dentro de su esfera de disponibilidad.

No sería culpa de la visualización creativa, sino de una absoluta falta de sentido común y la ausencia total de obediencia a las leyes del plano físico. Si el joven no estuviese capacitado para el puesto, no podría desempeñar el trabajo, aunque las fuerzas de la visualización creativa se lo hubieran proporcionado.

Dicho de otro modo, podemos afirmar con sinceridad que antes de que la visualización pueda proporcionar un empleo satisfactoriamente, tendría que haberse realizado una gran cantidad de trabajo preparatorio para la conservación del mismo. Este tipo de trabajo no tiene un plazo de tiempo definido, de cualquier modo que se mire. Ingalese habla de personas que visualizaron cosas fuera del ámbito de su esfera de disponibilidad y no las obtuvieron hasta su siguiente reencarnación en la Tierra;

y, llegado el momento, ya no las deseaban, sino que querían algo completamente diferente, y así la vida continuó en un círculo vicioso.

Por eso, tal vez ahora se haga usted otra pregunta lógica. "¿Cómo actuó el método de visualización creativa con el joven trapero para llegar a hacerse tan rico?"

Es de suma importancia que se esfuerce en estudiar lo siguiente. Lo que sucedió en este caso, como ya dije antes, fue que la primera demostración de éxito le animó tanto y le convenció de la viabilidad de los poderes de visualización creativa que determinó practicar el arte durante el resto de su vida. Su siguiente paso fue seleccionar otro objeto que necesitaba o deseaba, el cual resultó estar dentro se su Esfera de Disponibilidad, y una vez conseguido continuó visualizando otro, y después otro, etc. *Cada logro fue añadiendo más materia a su vida, de modo que así amplió su Esfera de Disponibilidad.*

A medida que la Esfera de Disponibilidad adquiría mayores proporciones, otras cosas que al principio no eran posibles lo fueron entonces, o, expresado con propiedad, la Esfera de Disponibilidad aumentó de tamaño hasta que lo que antes era imposible se convirtió fácilmente en disponible y al alcance de la mano de forma casi automática. Por lo que más quiera, vuelva a leer esto hasta que lo comprenda completa y absolutamente.

El siguiente tema es de tal importancia que voy a arriesgarme a aburrirle hasta la saciedad repitiendo parte de él de una forma algo diferente. Por favor, asimílelo y utilícelo con éxito en su beneficio.

Para resumir el caso anterior: el joven trapero, no teniendo dinero ni ningún otro recurso, y habiendo decidido practicar el arte de la visualización creativa, escogió, con gran sentido común, un objeto que necesitaba: una alfombra.

Este hombre no hizo visualización creativa para conseguir un palacio, ni un millón de francos, ni un yate, ni ninguna de esas cosas que la gente a veces intenta la primera vez que emplea el método. (¡Ah, sí. A todos nos ha pasado!). Todo cuanto este joven pedía era un simple objeto que de verdad necesitaba. Un palacio, por ejemplo, no era algo necesario, y como lo que sí necesitaba estaba dentro de su Esfera de Disponibilidad, lo consiguió en un tiempo relativamente corto.[3]

Igualmente importante fue el segundo paso que dio el joven trapero. Tras la consecución de su primer objeto, no se lanzó en busca de palacios ni de millones de francos, u otras grandes cosas. Seleccionó otro objeto que necesitaba para su comodidad y bienestar inmediatos, y se dispuso a conseguirlo.

Ingalese no dice en su libro cuál fue ese siguiente objeto, pero yo supongo por la naturaleza del primero que seleccionó que debió de ser algo sencillo y necesario, y muy probablemente de la misma naturaleza que la alfombra. El joven continuó practicando el método durante toda su vida, y ésta se convirtió en un proceso de crecimiento y de adquisiciones: *las posibilidades de consecución aumentan con cada nueva adquisición.*

¿Qué pasará con usted y conmigo y nuestro uso de la visualización creativa? Es razonable creer que el sistema funciona, aunque sólo sea porque lo utilizamos mal

---

3. Nuestras vidas están constituidas de tal manera que existe una gran diferencia entre lo que realmente necesitamos y lo que nos gustaría o soñamos tener. Son como un rompecabezas compuesto de muchas piezas que nosotros mismos debemos unir, y sólo nosotros podemos resolver el rompecabezas de nuestras vidas. Hay que empezar colocando una sola pieza cada vez, y decidir cuál de ellas es la que mejor encaja en el conjunto. Es posible soñar con otras cosas, pero lo primero por lo que se debe trabajar es por aquello que se va necesitando.

todo el tiempo. Ahora deseamos utilizarlo bien; ¿cómo le parece a usted que lo utilicemos nosotros?

Volvamos al joven trapero. Yo no deseo utilizar este sistema para conseguir una alfombrilla, porque no la necesito. No tengo por qué utilizar el sistema para eso. Ahora tengo muchas alfombras a mi alrededor y algo de dinero ahorrado, así que puedo comprar muchas alfombrillas si quiero. Por tanto una alfombrilla no es mi problema como lo era para el trapero.

Sin embargo, a pesar de las cosas que poseo, no estoy del todo satisfecho y quiero emplear este sistema de visualización creativa para conseguir cosas, circunstancias, situaciones y posesiones que me gustaría tener, o bien deseo o creo desear.

Por otro lado, según lo que he aprendido de la Esfera de Disponibilidad, sé que muchas de las grandes cosas que me gustaría poseer no están disponibles para mí. Reconozcámoslo en este momento. Reconozcamos también el hecho de que estamos tratando con planos de manifestación concretos, cada uno con sus propias leyes, y que hay que obedecer todas y cada una de ellas. Además, existe la ley del último plano, el plano físico de la materia, muy difícil de activar, de entender y de manejar.

¿Qué debería y debo hacer yo —y qué debería y debe hacer usted, también— para conseguir que el método de visualización creativa funcione en nuestro favor? Parece claro que lo primero que las personas de "clase media" como nosotros hemos de hacer es descubrir exactamente dónde estamos y cuál es nuestra posición con respecto a lo que deseamos obtener del plano físico. Tenemos que precisar con exactitud nuestra situación y saber dónde nos encontramos realmente. Tenemos que conocer exactamente qué cosas deseamos y averiguar, también con exactitud, dónde están con relación a nuestra

Esfera de Disponibilidad. Debemos averiguar con precisión qué cosas faltan en nuestras vidas y su posición respecto a nuestra Esfera de Disponibilidad.

En resumen: una valoración inteligente y precisa de su estado de vida actual con respecto a lo que carece, necesita y desea es el primer paso para hacer un uso acertado de la visualización creativa. El segundo paso consiste en hacer una evaluación precisa y entender a la perfección esas cosas en relación con la Esfera de Disponibilidad.

Podemos decir, y es absolutamente cierto, que las personas de clase media somos los sujetos más difíciles para operar con la visualización creativa. Actualmente tenemos muchas cosas al alcance de la mano y otras muchas que nos vienen de forma automática. Si iniciáramos visualizaciones en busca de algo que nos va a venir automáticamente, sería una pérdida de tiempo y de esfuerzo. En todo trabajo esotérico hay que estar atentos a esas situaciones en las que se utilizan las facultades para conseguir algo que puede conseguirse de otro modo más natural. Por ejemplo, mediante una simple planificación uno podría descubrir que es posible cambiar algo que ya no necesita por algo de lo que carece y sí necesita. Hacerlo de otro modo distinto del natural sería hacer un mal uso del arte de la visualización, además de suponer una pérdida de tiempo y de esfuerzo.

Hay que usar el sentido común y pensar en aquello sobre lo que habría que trabajar. Hemos de considerar el estado de crecimiento en que nos encontramos, y el estado de crecimiento en que se encuentra nuestra Esfera de Disponibilidad. Poca gente exigiría demasiado de un principiante. Así que no se exija mucho a sí mismo en las primeras etapas de trabajo. Más adelante, cuando haya logrado algunos éxitos se guiará por el desarrollo de su Esfera de Disponibilidad. ¿Qué de malo hay en conseguir un propósito en varios y sencillos pasos en vez de hacerlo de un solo golpe?

Voy a referirme de nuevo a Ingalese y a su libro, porque es el único autor que he conocido que enseñara, en lo que atañe a la visualización creativa, un sistema de crecimiento gradual. Él llamó a este concepto crear un "centro" desde el que atraer aquello que uno desea y necesita. Todos los demás autores que he leído siempre hacían hincapié en la idea de que, en el trabajo de visualización, bajo ningún concepto debe uno designar la fuente de procedencia de las cosas deseadas. Esa idea nunca me atrajo porque soy planificador por naturaleza y me gusta saber en todo momento cuál es mi situación y lo que estoy haciendo.

Ingalese cuenta el caso de una mujer que se creó un centro de forma gradual. Se dice que había venido de San Francisco hacía mucho tiempo. De alguna manera que no se indica en la historia, esta mujer adquirió gran soltura en el uso de la visualización creativa y la empleó desde el principio para CREAR UN CENTRO DE CRECIMIENTO GRADUAL. Primero consiguió un empleo visualizándolo. Luego obtuvo varios ascensos sucesivos en el mismo. Más adelante se visualizó a sí misma en la práctica del trabajo metafísico, y después de eso se visualizó recibiendo la compensación merecida por su esfuerzo y dedicación realizando trabajos para otras personas, y alguien muy agradecido le entregó una enorme suma de dinero, etc.

Admito que este caso no se ciñe al modelo expuesto por otros muchos autores, pero me parece que este método de desarrollo o crecimiento gradual es mucho más sensato que ponerse a hacer visualizaciones sin una idea definida y sin saber si el objeto deseado se halla o no dentro de la Esfera de Disponibilidad.

Admito también que uno no debería, por ejemplo, concentrar sus pensamientos en alguna persona con la idea de obligarla a entregarle una fuerte suma de dinero. Como tampoco me parece sensato concentrarse en la obtención de cosas que pertenecen a otros. No hay que visualizar la muerte de un tío rico para heredar su dinero, etc. Creo de verdad que éstas eran las cosas en las que otros autores estaban pensando al afirmar que uno no debe designar la procedencia de los objetos visualizados.

Hoy resultaría totalmente ridículo designar la fuente de provisión debido a la enorme cantidad de ellas que existe y a su aumento constante. Igual de absurdo sería desear lo que otro posee. No hay nada que no se pueda mejorar: ¿por qué íbamos a desear el automóvil de otra persona habiendo modelos más nuevos y mejores?

Así que no encuentro nada intrínsecamente malo en crear un centro de provisión, de acuerdo con los métodos de visualización probados, siempre que se dejen abiertos los canales para que las cosas fluyan hacia ese centro cualquiera que sea su fuente. No obstante, yo le sugeriría que no se imaginase a sí mismo intercambiando cosas porque podría resultarle más trabajoso de lo que piensa. Puede empezar realizando cualquier tipo de trabajo pero cambie el modelo rápidamente a otro que de verdad sepa que le gustaría hacer.[4]

Por el amor de Dios, combine el conocimiento espiritual interior con el sentido común terrenal. Ambos son necesarios para formar el conjunto.

---

4. Lamento advertir al alumno que si su nivel en la Esfera de Posesión es tan bajo que se encuentra necesitado de alimento, alojamiento, y de las necesidades primarias más básicas, el método de visualización creativa no le sirve de momento. Crear instantáneamente todo lo necesario exigiría del alumno unas facultades extraordinarias que un principiante no posee

El trabajo mental de la visualización creativa es una verdadera operación mágica. Las operaciones mágicas auténticas son algo que no se entiende ni se conoce demasiado bien. Yo he aprendido estas cosas a través de mi propia experiencia: después de años de esfuerzo, de meditación y de estudio, puedo ofrecerlas libremente porque no estoy obligado a nadie. Por tanto, puedo poner a su disposición las enseñanzas y conocimientos secretos. Por favor, úselos.

—el método es demasiado lento para eso, incluso dándose las mejores condiciones. En un caso de necesidad física tan desesperado, aplicar el método de visualización creativa sería como tratar de plantar un árbol en medio de una inundación con la intención de conseguir madera para construir un bote y salvar la vida. Ojalá no tuviera que decir esto, pero hemos de tener en cuenta el plano físico. Si al leer este libro se hallara usted en una situación tan precaria, sea sensato y acepte las ayudas sociales que el gobierno brinda. Una vez dado ese paso, diríjase a *Christian Science*, o a los practicantes de *Unity* en busca de ayuda inmediata. Ellos llevan muchos años trabajando en esto y pueden ayudarle hasta que disponga usted de medios propios. Cuando estén cubiertas sus primeras necesidades, vuelva a leer este libro y trabaje para asegurarse de que nunca más volverá a encontrarse en esa situación.

CAPÍTULO 4

TÉCNICA DE LA LIMITACIÓN

Una de las partes fundamentales de una verdadera operación mágica recibe el nombre de "delimitación del Objeto de la Operación". ¿Qué significa esto? Pues que las operaciones mágicas, tratando como lo hacemos con las fuerzas de los planos internos, sólo manejan energías, y las del plano interno están sujetas a las leyes del plano físico. Desde luego, este hecho lo conoce prácticamente todo el mundo, pero pocos son conscientes de sus consecuencias.

Básicamente, cuando hablamos de fuerzas del plano interno estamos tratando con fuerzas que carecen por completo de barreras de contención. Dos fuerzas del plano interno ocupan un solo espacio al mismo tiempo. Las fuerzas del plano interno salen volando rápidamente en todas direcciones. El tiempo, tal y como nosotros lo conocemos, no es igual para ellas. Ambas empiezan y acaban a la vez —comenzando y terminando al instante. (¿Comprende usted ahora por qué se dice en la Biblia

"... yo soy alfa y omega, el principio y el fin..."? Y, a pesar de ello, para obtener los resultados finales deseados del plano físico externo hay que trabajar primero con las fuerzas del plano interno. Antes de empezar a manejar estas fuerzas es preciso conocer algo de su naturaleza y cómo "operar" con ellas.

Dion Fortune ya dijo algo al respecto, pero no explicó todas sus consecuencias. Aún le queda mucho que aprender y yo se lo iré enseñando a su debido tiempo, a medida que avanzamos. Pero, de momento, lo único que debe saber es que al iniciar cualquier operación mágica hay que marcar un límite que demarque la extensión de lo que se desea conseguir mediante esa operación en particular. Si no lo hace, tendrá dificultades para lograr que las fuerzas hagan la transición desde el plano de energía al plano de la forma, y permanezcan en él.

Es posible, mediante operaciones mentales ordinarias cotidianas, entrar en contacto con las fuerzas y agruparlas rápidamente, pero si no se las conduce de inmediato hacia la "forma" aquí en el plano físico, saldrán volando cada una por un lado tan deprisa como fueron agrupadas.[1]

Ahora aparecen dos de esos factores aparentemente interminables que influyen en los trabajos de visualización, y confío en que no vaya usted a enojarse por su interminable aspecto: ¡ya acabaremos alguna vez, seguramente al finalizar el libro! Porque es la falta de conocimientos de estas cosas lo que invalida nuestro trabajo cuando tratamos de beneficiarnos de las operaciones mágicas.

---

1. El objeto que uno desea obtener por medio de la visualización es la FORMA que delimita las fuerzas reunidas mediante la operación.

Bueno, lo mejor es acabar con ello —uno de esos factores consiste en lo que bien podríamos llamar "lo bueno, si breve, dos veces bueno".

Exponiéndolo de forma rápida y concisa: es una Ley de los Planos Internos; cuando se ha conseguido hacer que la energía del plano interno trabaje para uno, o "fluya" hacia su vida, tiene la tendencia a seguir haciéndolo sin cesar. Y persistirá mucho tiempo después de que usted, o cualquier otro operador, haya alcanzado el objetivo original del inicio original del flujo operativo. Percibo una aparente contradicción entre lo que digo arriba y lo que dije antes, pero en realidad no la hay. Le dije que las fuerzas del plano interno no operan de la misma manera que las del plano físico. Es cierto que las fuerzas del plano interno pueden ser reunidas rápidamente, y así es, y también que pueden salir volando en desbandada igual de deprisa. Pero con persistencia y otras técnicas mágicas del inconsciente es posible hacer que esas fuerzas fluyan en beneficio de uno, y que sigan haciéndolo después. (Considere que la palabra "fluir" se emplea aquí en el sentido de "trabajar"). El desbordamiento automático puede causar tantos problemas y tantos resultados decepcionantes como la ausencia total de flujo. La forma más simple de dificultad que el desbordamiento puede causar es crear en usted un estado de tensión después de haber recibido el objeto original por el que realizó la visualización. En este estado de tensión uno se siente vagamente insatisfecho con toda la operación creativa de la materia visualizada, y siente deseos de seguir demostrando el mismo objeto una y otra vez.

El otro factor consiste en que muchas personas ceden ante esa presión de flujo continuo y siguen acumulando los objetos que en un primer momento desearon, más allá de toda necesidad razonable. Esto les ocurre a quienes han sido alguna vez muy pobres o han pasado graves apuros económicos. Como se desarrolló un sistema de visualización creativa mental, natural y personal, empezó a venirles el dinero, pero, al no haber puesto límites a su objetivo (al menos en lo que respecta a esa visualización), el flujo de ingresos tomó el control de sus vidas y continuaron sin hacer otra cosa que obtener dinero. Perdieron de vista todos los demás objetivos de sus vidas, y algunas de esas personas realmente han llegado a dejarse morir de hambre por no poder detener ese flujo de dinero —y transferir parte de él a inversiones y gastos habituales. *Cayeron en las garras del poder de las fuerzas que ellos mismos habían puesto en movimiento.* No pudieron gastar el dinero en aquello que en un principio había sido el objeto de su deseo: disfrutar de la vida.

Esta mañana, he leído en el periódico el caso de una señora que cayó muerta de inanición en una calle de San Francisco: ¡ La policía halló entre sus ropas más de un millón de dólares! Podemos ver otro ejemplo similar en la famosa obra *Cuento de Navidad*, de Charles Dickens. Ebenezer Scrooge se dedicó a hacer dinero a causa de un desengaño amoroso, y creyó que el dinero compensaría aquella pérdida. Scrooge, habiendo puesto en marcha ese flujo, no fue capaz de controlarlo después, y amasar dinero se convirtió en la única finalidad de su vida excluyendo todo lo demás.

Con esto doy por concluido el argumento teórico sobre la Ley de la Limitación. Ahora daré algunas instrucciones que le guíen en la práctica; al final del libro incluiré instrucciones más detalladas.

Así, pues, por el momento... ¿qué se debe hacer para que la visualización creativa dé buenos resultados? Lo primero será imaginar exactamente qué objeto, cosa o circunstancia(s) desea atraer, o adquirir, mediante su práctica.

Una vez decidido, anótelo con todo detalle; haga una descripción del objeto o circunstancia deseados, y declare con claridad que es todo cuanto pretende obtener de dicha operación. Señale el final de la misma con tanta claridad como el comienzo.

Ejemplo: Imagínese que usted, al igual que el trapero de París, está trabajando para conseguir una alfombrilla. Escribiría en el papel exactamente lo que quiere y para qué lo quiere. También puede añadir una descripción del uso que le dará y del tacto qué tendrá (Esta parte es importante: me extenderé más adelante). Ahora, acabe su escrito pronunciando una frase como: "... y con el propósito de delimitar los efectos de esta operación, aquí declaro que el único resultado físico deseado es esta alfombrilla, y también que como resultado psíquico espero obtener una gran satisfacción con su uso"

CAPÍTULO 5

LEY DE LA ATADURA

En todo tipo de operación mágica siempre intervienen dos clases de energía. En realidad, en cualquier operación —en cualquier tipo de acción, ya sea física o mágica del plano interno— intervienen dos clases de energía. Dicho de otro modo, para exponerlo de la manera más clara posible, todas y cada una de las energías de nuestro cosmos físico son en realidad energías de doble acción. Toda energía es de naturaleza dual, siempre lo ha sido y no podría existir de ninguna otra forma que la dual. No hay ni una sola cosa en todo el universo físico que no posea dos caras. Incluso Dios tiene dos caras.

Empleamos dos caras de todo, pero hemos perdido de vista por completo la "otra cara". ¿Alguna vez se ha parado a pensar que cada vez que se arropa con una manta, sólo utiliza una cara a pesar de que tiene dos? ¿Existiría la manta sin la otra cara, la que no usa? (No es un ejemplo demasiado bueno, pero le hará reflexionar sobre ello y recordar ese concepto con la mayor sencillez posible).

Veamos otro ejemplo diferente: ¿Se ha dado cuenta de que cada vez que conduce su automóvil está ejerciendo la misma fuerza hacia atrás que hacia delante? Si estudia las leyes del movimiento en Física, descubrirá la veracidad de esta afirmación.

Por tanto, repito que cuando utilizamos una fuerza del plano físico no usamos sólo un lado o aspecto de esa fuerza, sino ambos a la vez. Al igual que en el sencillo ejemplo de la manta y del más complejo del automóvil, debemos emplear los dos aspectos de la fuerza o no podremos hacer uso en absoluto de ella. En realidad, una fuerza no podría existir, ni siquiera en los planos internos, si no tuviera dos caras.

Pero cuando utilizamos las fuerzas del plano interno para conseguir algo en el plano físico sólo deseamos emplear un aspecto, no los dos. La razón de esto es que un aspecto de la fuerza nos proporcionará ese objeto, mientras que el otro nos lo arrebatará. Dicho de otro modo: una fuerza puede proporcionarnos algo y la misma fuerza nos lo puede quitar.

Naturalmente, de esto deducimos que si queremos conseguir algo, el aspecto de la fuerza que necesitamos es aquel que nos proporcione el objeto. Por consiguiente, en toda operación mágica (así como en operaciones de otro tipo) es imprescindible reorganizar la existencia de la otra cara de la fuerza que se está invocando. Recuerde que cuando se entra en contacto con una fuerza se hace con las dos caras al mismo tiempo, y que ambas tienen el mismo poder. El desconocimiento de este "secreto" es la causa de tantos problemas en los trabajos mágicos de los aspirantes a magos. O la operación funciona como loca (lo digo literalmente) o no funciona en absoluto.

Por consiguiente cuando uno desea utilizar una fuerza para llevar a cabo un trabajo determinado, debe emplear el "lado" de la fuerza necesario para esa tarea, ya sea constructiva o destructiva, y atar la otra fuerza para que no actúe en la operación que se está realizando.

Si no amarra el lado de la fuerza que está utilizando (el lado que no desea que opere), cualquiera que sea la operación realizada, estará invocando y entrando en contacto a la vez con los dos lados de la fuerza, y se anularán limpiamente una a la otra. Para que lo entienda mejor, cuando usted inicia una operación mágica sin atadura, puede utilizar (y a menudo lo hace) aquel aspecto de la fuerza que desea utilizar; pero según pasa el tiempo, el empleo de un solo lado crea una tensión o presión que tarde o temprano pondrá de nuevo en acción a la fuerza opuesta, ahora concentrada por la eliminada dilución de su opuesto en equilibrio, con los resultados (poco perjudiciales dicho así) de neutralizar por completo todo el trabajo previamente realizado y devolviendo todas las condiciones, físicas y de cualquier otra índole al mismo estado en que se encontraban antes de que el trabajo mágico fuera iniciado. Dicho de otro modo, haciendo una verdadera chapuza de todo ello.[1]

Si observa con atención, verá repetirse este ciclo una y otra vez a lo largo de la historia de las naciones del mundo por muy atrás que se remonte en el tiempo. Puede ver como opera en la vida diaria en los pequeños desengaños y fracasos que sufrimos todos los días.

---

1. Una manera de ver en acción esta rápida inversión consiste en observar a la gente en las apuestas a las carreras. Gente que gana una gran suma de dinero invocando la presión de las fuerzas del plano interno. El poder de la Voluntad, incluso para quienes no lo conocen, es muy grande a veces. Sin embargo, unos minutos después han perdido todo lo ganado. La misma fuerza que se lo da, se lo quita.

Y ahora que ya conoce la Ley de la Atadura, ¿qué debe hacer para que le salgan bien sus operaciones mágicas?

La operación de magia mental que va a realizar utilizando el arte de la visualización creativa que se explica en este manual –marcando un límite a todas las operaciones que realice– tendrá el mismo efecto que amarrando la fuerza opuesta.

Si el trabajo que piensa llevar a cabo no entraña una distorsión excesiva del entorno, si su esfera de disponibilidad está dispuesta para abastecerle de aquello por lo que está operando, establecer un límite en el tamaño de las operaciones que está dirigiendo bastará para todos los propósitos normales. Pero si está visualizando creativamente algo verdaderamente grande o intenta hacer un trabajo mágico real, será absolutamente necesario amarrar la fuerza dual oponente.

Le sugiero que se limite a realizar al tipo de operaciones especializadas que le he dado hasta ahora: dé un paso cada vez y consiga despacio lo que desea. Puedo afirmar con toda sinceridad que si consigue algo demasiado grande con estos métodos de visualización creativa, a menos que se proteja mediante la atadura, es muy posible que lo vuelva a perder todo cuando se produzca la reacción. *Edifique su vida con los métodos más lentos, más meticulosos y bien meditados que le ofrezco, dando un paso cada vez, y podrá así esperar aferrarse a sus ganancias, aumentarlas y utilizarlas debidamente.* Obtener algo mediante visualización creativa (no tan grande como para causar los trastornos que antes mencionaba) y empezar a utilizarlo es otra forma de amarre.

CAPÍTULO 6

LEY DE LA BARRERA

En este capítulo voy a presentar un nuevo tema: la ley que pertenece al arte de la visualización creativa. No he encontrado esta ley exactamente así antes. He llamado a esta séptima ley de la visualización Ley de la Barrera. Comprenderla le permitirá trabajar este arte con algo más de perfección.

Existe mucha confusión en el uso de las palabras en contraposición a los símbolos e imágenes, cuando se trata de conseguir lo que uno desea con este arte. Según parece hay dos escuelas de pensamiento: la de las palabras y la de las imágenes y símbolos, y en definitiva ninguna de las dos parece saber demasiado al respecto.

Durante los últimos treinta años de estudio esotérico, tropecé primero con una escuela de pensamiento y luego con la otra. Las dos parecían operar por ciclos. En primer lugar estarían las escuelas y libros que tratan de las palabras, los mantras, los cantos, etc., y después las que se ocupan de las visualizaciones mentales, imágenes, etc. Seguramente usted habrá oído hablar de Coué y su famosa frase "cada día me encuentro mejor". No, es: "día a día, marcho cada vez mejor en todos los aspectos". También habrá oído hablar de los Mantras orientales. Los cantos y los cuentos de hadas están llenos de palabras como en-canta-miento (en = en, canta = cantar, miento = calidad de), e in-vocación (in= en, vocación = voz que se expresa). Todos ellos relacionados con los sonidos-palabra. Al parecer los "estados" se alcanzan por medio de palabras y los "objetos" por medio de imágenes. Ciertamente podríamos decir que los orientales se interesan más por los "estados" mientras que los occidentales están más interesados en los "objetos". Por tanto, supongo que a usted corresponde elegir: Si lo que desea son "objetos", siga las instrucciones que se dan en este libro; si lo que desea son "estados", siga las instrucciones de tipo oriental, o elabore su propio sistema con los conocimientos aquí adquiridos.

El lenguaje, visto como sonidos empleados para comunicar ideas, es, en la existencia evolutiva de los seres humanos, una invención reciente. Cuando piense en el lenguaje nunca debe confundir lenguaje humano con la palabra de Dios, como, por ejemplo, cuando en las Sagradas Escrituras se dice: "Dios habló". El lenguaje de Dios es algo completamente diferente de los sonidos vocales humanos. Pero como es el único lenguaje que conocemos, tendemos a confundirlos entre sí. El lenguaje creativo de la divinidad está relacionado con el Tattva Akasha "gránulos de sonido". Los gránulos de sonido son vibraciones que forman todas las cosas –el logos– con la luz astral, e incluso las tornan en materiales por medio de un proceso completamente diferente.

Así, este lenguaje humano nuestro, debido a su reciente invención, no tiene nada que ver con la profundidad de nuestro ser, con nuestra mente subconsciente, sino más bien sólo con nuestra mente consciente externa. (ya habrá estudiado que tenemos dos mentes, una interna y otra externa; la externa se llama mente consciente y la interna, mente subconsciente).

La existencia de estas dos mentes es la causa de todos los males del mundo. O, quizá, debiera decir que la separación de estas dos mentes nos causan todos los males del mundo.[1]

Ponga mucha atención en el siguiente concepto: las palabras (el lenguaje) son el "lenguaje" de la mente consciente; mientras que los sentimientos son el "lenguaje" de la mente subconsciente.

Así que vuelvo a repetir: todos los problemas que tenemos en el mundo, para vivir esta vida material con éxito y plenitud, provienen de las diferencias de comunicación entre las dos mentes: de nuestra incapacidad para lograr que ambas se comuniquen entre sí; que órdenes e ideas pasen de la una a la otra. ¡Nuestro consciente tiene que aprender a hablar a nuestro inconsciente! ¡Rara vez en nuestras vidas nos decimos a nosotros mismos lo que de verdad queremos decir! Y tenemos que hacerlo.

Estudiando estos contenidos y aprendiendo el arte de la visualización creativa, se está usted adentrando en una nueva fase de su vida, una fase en la que aprenderá a comunicarse apropiadamente con su mente subconsciente. Aprenderá a darle a su mente subconsciente instrucciones positivas las cuales sean obedecidas para que ésta haga cosas por usted.

---

1. A quienes estén "preparados" para "cosas más elevadas", daré un suculento y jugoso consejo sobre lo que es la verdadera Iluminación: convertirse en Maestro, convertirse en Adepto, LLEGAR A SER COMO UN DIOS, significa que las dos mentes se funden en una sola. ¡Ya he dicho bastante!

Llegados a este punto, me desprenderé de un par de grandes secretos; secretos que uno sólo lograría obtener de alguna sociedad secreta y siempre bajo juramento; secretos que uno nunca podría utilizar en beneficio propio ni revelar a otras personas para que les sirvieran de ayuda. Pero, ¡por Dios Santo! ¡Le recomiendo que los utilice usted en su beneficio y en el de los demás!

Primer gran secreto: ¡el Yo interior está conectado casi directamente con las fuerzas internas del Cosmos físico!

Segundo gran secreto: ¡Las fuerzas internas del Cosmos físico son los sentimientos-emociones de Dios!

La palabra e-moción significa movimiento (algo que se mueve). Los movimientos en los planos internos son vibraciones de clases y formas diferentes. Estas vibraciones del plano interno, tan pronto entran en contacto con la subconsciencia del plano interno, se hacen "visibles" a nosotros como nuestras emociones!

Y lo contrario es aún más cierto, que las emociones de la subconsciencia –generadas por nosotros– alcanzan estas fuerzas del plano interno y entran en contacto con ellas, y las influyen en nuestro beneficio.

Y, ahora, después de esta imperfecta e incompleta explicación del fundamento básico de este arte de visualización creativa que nos ha hecho apartarnos un poco del camino, podemos continuar. La razón por la que utilizo las palabras imperfecta e incompleta es porque la modestia me impide afirmar, como hacen otros, que le he dicho toda la verdad y la verdad absoluta del Ser; ya que todo lo que le he dado es el conocimiento teórico suficiente para que pueda seguir adelante en este arte.

La visualización creativa sería una cuestión asombrosamente simple si pudiéramos materializar nuestras visualizaciones deseadas solo con "hablar". Pero eso no es posible. Uno puede pasarse toda la vida hablando de lo que desea y no conseguir transmitir a su inconsciente ni una sola palabra. ¡La verbalización, las palabras, debe unirse a SENTIMIENTOS EMOCIONALES PARA QUE FUNCIONEN! Sin embargo, no podemos PENSAR, ni siquiera comunicar y operar sobre el plano físico sin el uso de las palabras, y es por medio de PALABRAS como debe COMUNICARSE LO EXTERNO CON LO INTERNO.

No obstante, me alegro de poder mostrarle que a través de todas estas contradicciones entre palabras y emociones, emociones y palabras, hay un camino hacia la comunicación. Para explicarlo, he inventado un nombre (práctica que aborrecía cuando lo hacían otros y ahora lo hago yo). Ese nombre inventado es la Barrera.

Imagínese un "lugar" dentro de su ser mental donde existe una especie de "valla". Esta valla o barrera separa su ser externo de su ser interno; separa su mente consciente de su mente subconsciente. Usted, su mente consciente, está fuera de la barrera, y USTED, su mente subconsciente, está dentro de la barrera. (Esta no es una forma muy buena de explicarlo, pero tiene sólo la intención de describir la teoría para que su mente tenga algo en qué apoyarse. No pida demasiado de una teoría: tan pronto como se haga a la idea, dejará de tener esta concepción).

Imagine que la *barrera* actúa del siguiente modo:

Las palabras llegan hasta la barrera, chocan contra ella, se hunden en ella y, luego, emergen al otro lado, el lado interno, como emociones.

A la inversa, imagine que las emociones llegan hasta el lado interior de la barrera, la golpean, se hunden en ella y emergen por el lado externo como palabras.

Cuando consiga visualizar esta operación, habrá hecho un gran avance en el dominio de las artes esotéricas.

La teoría de la Barrera puede no ser más que una simple invención de mi propia mente para ayudarle a comprender estas importantes operaciones, pero comprobará por sí mismo que algo parecido a esto debe haber para mantener separados su Ser Interior y su Ser Exterior. Si esta barrera no existiera, la mínima palabra suscitaría un auténtico torrente de emociones que no podríamos controlar. Si la barrera no existiera, la más pequeña emoción suscitaría un aluvión de palabras que no tendrían sentido ni para usted ni para los demás.

La barrera ralentiza ambos actos transferenciales y nos permite seguir viviendo de una forma medianamente ordenada. Comprender las instrucciones del método de la barrera permite controlar las acciones de la barrera, yendo y viniendo o, como podríamos también decir, controlar el tráfico en ambos sentidos. Ahora ya puede vincular conscientemente sus palabras a emociones y sus emociones a palabras.

CAPÍTULO 7

LEY DE LA CARTA DEL TESORO

La siguiente ley que vamos a estudiar se llama Ley de la Carta del Tesoro. También consideraremos otra herramienta que se puede utilizar con el trabajo de visualización creativa. La Carta del Tesorro es una herramienta bastante bien conocida y una de las aplicaciones de antiquísimos principios mágicos. Tengo razones para creer que las imágenes y adornos de las tumbas egipcias fueron primero cartas del tesoro: en cuanto nacía un hijo en el seno de la familia real, se iniciaba de inmediato la construcción de su tumba. En las paredes de ésta se plasmaban imágenes de toda su vida hasta el fallecimiento, y esto se llevaba a cabo cuando aún era un bebé. Las imágenes mostraban al niño en posesión de todas las cosas buenas de la vida hasta su muerte, e incluso después de ésta. Si se trataba de un varón, era representado ganando todas las batallas y haciendo un ingente número de prisioneros. En otras palabras, se le planeaba una vida maravillosa por anticipado. Estas imágenes se pintaban sobre las paredes de la tumba y los sacerdotes con su magia se encargaban de darles vida y conferirles poder. En todos los casos, a menos que los sacerdotes le retirasen su protección mágica, las imágenes preservaban a la persona en vida, y vivía este sendero protegido durante la vida física.

He descubiero que actualmente los miembros de *Unity*[1] emplean esta herramienta mágica en su trabajo. Parece algo extraño, porque ninguna de sus enseñanzas tiene relación con la magia que yo sepa, al ser principalmente metafísicas y mentales. Pero, sea como fuere, podemos dar gracias a Dios que este útil mágico aún exista, y que esté al alcance de todos. (Llamé al centro de *Unity* de esta ciudad y la señorita que me atendió me confirmó que siguen empleando estas Cartas del Tesoro en sus trabajos, sólo que ella las llamaba Mapas del Tesoro. Si lo desea, compre alguna de sus revistas y vea qué más pueden añadir sobre la técnica de esta herramienta mágica. Quizá encuentre datos adicionales que yo no puedo facilitarle, los cuales le ayudarán a sacar el máximo partido de una Carta del Tesoro. Si les funciona a los miembros de *Unity*, también le funcionará a usted, porque además se servirá de otras técnicas mágicas que ellos no utilizan).

Recordará que antes le hablé de una señora de La Jolla que enseñaba este método. Pues bien, uno de sus alumnos hizo una carta para conocer a una mujer hermosa, otro la hizo para conseguir una botella de whisky: ambos obtuvieron lo que deseaban y se llevaron un sus-

---

1. La asociación de iglesias de *Unity* (la Unidad), en cooperación con la escuela de la Unidad del cristianismo, ha establecido centros de estudio y adoración por todo el mundo donde la gente estudia y practica la manera de la unidad de la vida (N. del T.).

to de muerte. (Aquellos estudiantes fueron más sensatos en sus peticiones que otros muchos que piden la "luna" la primera vez que usan la técnica de la visualización creativa).

Básicamente, el modo de preparar y utilizar la Carta del Tesoro es muy simple. Lo primero que hay que hacer es coger una hoja de papel o de cartón, o cualquier otra superficie de un tamaño de unos 40x40 cms o mayor sobre la que se puedan pegar cosas. La "cara vista" de la carta hay que guardarla en un lugar lo más protegido posible. No debe estar en ningún sitio donde otros puedan verla con facilidad; y si la enseña a los demás ha de hacerlo con moderación, y sólo a quienes compartan totalmente sus objetivos en la vida: El marido y la esposa podrían elaborar una Carta juntos en beneficio mutuo, pero es casi la única excepción de esta regla secreta. Así que manténgala en secreto y bien oculta.

Una vez haya elegido la superficie que tendrá su carta y ya lejos de miradas intrusas, lo primero que ha de hacer es trazar una línea que delimite los márgenes. ¿Por qué? La respuesta es "para invocar la Ley de la Limitación", desde luego. Creo que llegados a este punto añadiré algo más de información.

Como estudiante de esoterismo, debe poseer algunos conocimientos sobre los planos. Los planos internos se estudian más en profundidad en mi libro *The Art and Practice of Astral Projection.* En él explico cómo penetrar en los planos internos y cómo familiarizarse con ellos por experiencia propia. Pero hasta entonces tendrá que fiarse de mí. (Le sugiero respetuosamente que, si no tiene el libro, consiga un ejemplar y lo estudie a fondo). Hay en él muchos contenidos que le servirán en su estudio y trabajos esotéricos el resto de su vida. Todos mis libros tienen un único propósito: ayudarle a ayudarse a sí mismo).

Pues bien. Trazar una línea que delimite la superficie de la carta no sólo coloca una línea física sobre la superficie de la carta, sino que además crea una línea fronteriza astral sobre su correspondiente plano astral. Todo cuanto hay en el plano físico tiene su homólogo en los planos internos, hasta lo más elevado de la Creación. ¿Ve ahora por qué hay que poner límites a su trabajo? Por ejemplo, a mí me dijeron que todos los dibujos de una alfombra están duplicados en el plano astral, y parece lógico que así sea si es cierto lo de los homólogos. En los países orientales, donde estas cosas se saben o se perciben de forma instintiva, cuando se diseña y se teje una alfombra, se dejan aberturas para que cualquier ser elemental que penetre en el patrón astral pueda escapar del diseño. (Eso es todo lo que sé. El porqué no pueden salir de él por los costados se escapa a mi comprensión. He oído decir que sólo pueden moverse en línea recta. No tiene demasiado sentido en ausencia de un conocimiento más sólido. Puede que sean bobos, como también tengo entendido).

De todos modos, trazar una línea de limitación en la carta marcará la frontera de sus operaciones, ya que esto a su vez esteblecerá unos límites en los equivalentes de las imágenes que expresan sus deseos en la carta. Recuerde que las imágenes de sus deseos están unidas a los objetos o cosas físicas reales en los planos internos, y este vínculo es la razón fundamental por la que la carta funcionará y podrá ser empleada para conseguir aquello que desea.

Una vez terminados los preparativos previos, empiece a buscar qué imágenes representan mejor sus deseos y el contenido que incluirá en la carta. Lo que tiene que tratar de hallar, donde sea, son imágenes que los expresen.

¿Dónde encontrará estas imágenes? Naturalmente,

en nuestro mundo actual: en revistas, impresos publicitarios, folletos, libros ilustrados, y cosas similares. Es una suerte para nosotros que todo lo que deseamos en esta vida esté representado en un tipo u otro de revistas "comerciales".

Por ejemplo, si las cosas que anhela son de algún tipo concreto, búsquelas en una revista especializada. Si le interesan los caballos, tendrá que hacerse con revistas para criadores de caballos; en ellas encontrará fotos de ejemplares que encarnarán sus deseos. Lo que yo quiero hacer resaltar aquí es que ES LA BÚSQUEDA, Y LA INVESTIGACIÓN, QUE UNO REALIZA PARA ENCONTRAR LAS IMÁGENES DE SUS OBJETOS-DESEO BÁSICOS LO QUE AYUDA EN BUENA MEDIDA A INFLUENCIAR SU SUBCONSCIENTE Y SE PONGAN EN MOVIMIENTO LAS FUERZAS DE LOS PLANOS INTERNOS PARA ATRAER SUS DESEOS. Cuando encuentre una fotografía o ilustración que le cause sensación y despierte el deseo en usted, recórtela y péguela en su carta con cinta adhesiva. Utilice sus emociones, ideas, deseos, imaginación y personalidad, y todo lo que usted desea básicamente para elaborar su carta.

He aquí algunas instrucciones básicas que puede utilizar. Si le apetece aplicar algunas de estas ideas, hágalo; si no, proceda a su antojo:

En la parte superior de la carta, puede pegar un dibujo de algo inspirador y, en la parte inferior, otro de algo que exprese agradecimiento. También sería posible considerar la parte inferior de la carta como algo más próximo al tiempo presente y la superior como algo más lejano en el tiempo. El lado izquierdo, el lugar del que proceden las cosas y el derecho el de las cosas que ya han llegado o se hallan cercanas. Si no le agrada ninguna de estas ideas, ponga en práctica las suyas propias según lo que considere particularmente apropiado para usted.

Elija imágenes de aquellas cosas que desea y péguelas en el lugar correspondiente de la carta. Acuérdese de la esfera de disponibilidad. Tenga también presentes las demás leyes de la visualización creativa que ha aprendido.

En cuanto a la carta del tesoro, no hay nada de malo en pegar imágenes de cosas elegantes, fotografías de automóviles, joyas, lujosas residencias y propiedades. Así tendrá algo que mirar, y que admirar, algo que despierte su deseo emocional de adquirir cosas mejores, desarrollando su gusto por lo bueno y acostumbrándose a pensar en todo momento en lo mejor.

Pensar en las mejores cosas del mundo no le perjudicará siempre que las vea desde el punto de vista correcto. Llame a esta sección la sección de sus sueños, o algo parecido, siempre y cuando entienda lo que de verdad es. Recuerde que puede conseguir todas las cosas buenas de la vida, pero respetando las leyes del plano físico, por lo general a cambio de dinero. Una cosa es segura: ha de conseguirlas mediante la ampliación de su esfera de disponibilidad y, por eso, debe darle la ocasión de crecer. Todo requiere su tiempo.

He descubierto que cada persona elabora esta carta de forma diferente, y por eso le doy a usted tanta libertad de acción y le animo a que siga estas instrucciones escuchando los dictados de su personalidad. La idea principal consiste en encontrar imágenes de aquello que se desea obtener. Ir a la caza de estos deseos encarnados estimula al ser interior a ponerse en acción, y su posterior y constante repaso refuerza y accelera la actividad del plano interno para proporcionarle lo que desea.

Vea la carta todos los días. En sólo unas semanas, debería ser capaz de evocar mentalmente las imágenes con facilidad. Una vez logrado esto, debe saber manipularlas y adaptarlas a usted.

Haciendo otra vez referencia a la obra *The Art and Practice of Astral Projection*, el último capítulo se titula "The Symbol Method of Projection"[2]. Cuando haya terminado de estudiar dicho capítulo, llamaré su atención sobre la posibilidad de emplear este mismo método de proyección para proyectarse hacia las imágenes de su Carta del Tesoro. Le parecerá una experiencia curiosa y gratificante. Este tipo de proyección tal vez le sea de gran ayuda para mover su ser interior a la actividad y obtener así lo que desea.

Cuando sepa cómo atraer hacia sí cosas materiales, también podrá producir otros cambios, como, por ejemplo: aprender a curarse a sí mismo y mirar el mundo con otros ojos diferentes.

2. "Método de Proyección por medio de Símbolos" (N. del T.)

CAPÍTULO 8

LEY DE LA E-MOCIÓN

La palabra "emoción" procede de la misma raíz que la palabra "movimiento". Una e-moción está viva. Lo cierto es que parece que existen pruebas de que las emociones en realidad forman parte del ser —de su verdadero yo.

Aquí no podemos profundizar demasiado en la psicología; ni siquiera yo mismo he llegado a comprender del todo la relación psicológica que existe, pero, según parece, una emoción fuerte es en realidad una parte hondamente relacionada con el yo. Por ejemplo, si tiene usted una emoción intensa que le repugna por la razón que sea, y la rechaza, separándola de su personalidad, tendrá un verdadero demonio en el fondo de su mente que armará la de Dios es Cristo para volver a tomar contacto con usted.

Hace algunos años, al inicio de mis estudios ocultistas, se hacían muchos comentarios en los círculos esotéricos sobre algo llamado El Morador del Umbral.

Nadie sabía qué era exactamente, pero todos hablaban de ello conteniendo la respiración y con gran temor. Nunca logré descubrir exactamente de qué se trataba, y a medida que fue pasando el tiempo me olvidé y no volví a oír hablar más de ello hasta que empecé a realizar trabajos esotéricos.

Una vez finalizado el trabajo preliminar que me llevó a escribir *The Art and Practice of Astral Projection*, resolví muchos de aquellos "conflictos". Es decir, acepté con agrado la mayoría de las cosas que antes había rechazado. Por tanto, cuando empecé a proyectarme utilizando los diferentes métodos no me encontré con ningún Morador del Umbral. Bueno, eso sí, había unas cuantas cosas que describe el libro: llegaban hasta mí esos ruidos e imágenes, pero los reconocía como imágenes oníricas proyectadas, y tan pronto como empecé a trabajar con ellas, desaparecieron (tan pronto como volví a absorberlas en mi interior). Admito que en aquel tiempo no las reconocí como proyecciones de mí mismo, me negaba a aceptarlo. Ahora relaciono estas cosas diferentes y por eso las entiendo y veo la relación que tienen con mi trabajo esotérico.

No estoy cualificado para impartir un curso de psicología, como tampoco podría hacerlo a distancia sirviéndome de este pequeño manual. Pero considerando la Ley de las E-mociones me encuentro más cerca de esa cuestión del umbral. Aquí es donde entran en juego las emociones. Desde luego, en lo que respecta a la visualización creativa, me refiero a las emociones nuevas no a las antiguas, como podrían ser sus proyecciones lanzadas y rechazadas. Me preocupa que las viejas emociones interfieran con las nuevas.

Pero, por el amor de Dios, no se sugestione ni tema

realizar este trabajo. Seguramente alguna vez en la vida todos hayamos rechazado proyecciones en cierta medida. ¿Querrá hacer lo siguiente? Si siente una agitación emocional profundamente arraigada cuando empiece a realizar este trabajo, o si descubre algún trastorno posterior que no crea poder controlar, detenga el trabajo, acuda a un psicólogo y pídale ayuda, ya que podría ser que estuviera entrando en contacto con graves emociones reprimidas. Esto no sucede con mucha frecuencia y, a decir verdad, no se me ocurre ningún caso que yo conozca personalmente, pero como hay tantos excéntricos avisando a gritos de los peligros de las prácticas esotéricas, prefiero advertir de este modo antes que no decir nada.

La finalidad fundamental del estudio esotérico es esclarecer o resolver las partes rechazadas de la personalidad y hacerlas regresar a uno mismo de modo que pueda continuar avanzando en pos de otras cosas más importantes. (Como ya he dicho, no comprendo la idea de rechazo, nadie la comprende, pero consiste principalmente en dar solución y, por muchas formas que haya de decirlo, básicamente es eso). Por el contrario, si sintiera usted sólo un ligero trastorno emocional, trate de manejarlo por sí mismo y prosiga con el trabajo. Así pues... ¡adelante!

Un método de utilizar las emociones muy defendido por los primeros maestros de visualización creativa de tipo natural, consistía en instruir a los alumnos para que "sintieran" (sin explicarles cómo hacerlo) que ya poseían el objeto deseado y que ya lo estaban usando, Y que así lo conseguirían a su debido tiempo.

Parece que tal idea se basó originariamente en uno de los pocos fragmentos auténticos del Nuevo Testamento.

Se cree supuestamente que Jesús dijo: "Sea lo que fuere que deseéis, creed que ya lo tenéis y lo poseeréis."

> Tened fe en Dios. En verdad os digo que si alguno dijere a este monte: "Quítate de ahí y arrójate al mar" sin dudarlo en su corazón, sino creyendo que sucederá lo que dice, logrará lo que pide. Por esto os digo: todo lo que pidáis en la oración, creed que ya lo habéis recibido, y lo obtendréis. (Marcos 11:23, Nueva Biblia Inglesa).

Desde luego, estas indicaciones han sido muy simplificadas y van dirigidas a personas que poseen la capacidad de poner en práctica las leyes de la visualización creativa de forma natural. Ahora, basándose en este estudio, ya sabe que existen muchos otros factores y leyes que deben tomarse en consideración para que la visualización creativa surta efecto. Sin embargo, también sabe cuáles son esos otros factores y, conociéndolos, podrá utilizarlos adecuadamente para obtener de ellos la mejor aplicación posible.

¿Cómo enfocar entonces la aplicación a fondo de la técnica de la Ley de la Emoción? La debida explicación podrá hallarla en el capítulo correspondiente a los ejercicios, pero adelantaré algo aquí. Volvamos al caso del joven trapero parisino, porque su historia es la más simple para ilustrar este principio, que es el mismo para todos los casos. Recordará que lo primero que el joven deseó fue una alfombrilla para proteger sus pies descalzos del frío suelo de piedra cuando se levantaba de la cama por las mañanas. Él conocía la sensación que experimentaba al tocar con los pies el frío suelo de piedra, así que no le hacía falta imaginarla (o visualizarla). Por lo tanto, desde el punto de vista de la Ley de la Emoción aplicada a este trapero, después de haber tenido en cuenta todas las demás leyes, la aplicación de la Ley de la Emoción consistiría en que el joven *sintiera sus pies ya protegidos por la alfombra bajo sus pies, y dejara que dicha sensación generase la emoción-sensación de placer y satisfacción.* Voy a repetirlo: ¡La sensación de placer del deseo cumplido genera la emoción de felicidad y satisfacción!

Pero hay aún más que decir al respecto. Consideremos la E-moción en función de otro tipo de emoción con la que todos estamos familiarizados. Sea esta la emoción llamada DESEO.

Un aspirante a maestro ocultista me dijo en cierta ocasión que la palabra inglesa *desire* (deseo) significaba "del padre"[1]. Esto etimológicamente no es cierto, como se verá con una simple consulta al diccionario, pero no está mal considerar la idea.

Se ha argumentado que todos los deseos son básicos –proceden de una causa básica–, lo que puede compararse con la idea de una Divinidad central. Desarrollando este concepto, la Divinidad básica desea el bien para todos, e implanta el deseo en todos los seres para hacer que alcancen aquellas cosas buenas que la Divinidad ha creado para uso y pertenencia de todos. Ciertamente, sin deseo nadie haría nada.

Confío en que comprenda que el deseo es una emoción que ha de ser ampliamente buscada, cultivada, desarrollada y puesta en práctica.

Como es natural, la forma mejor y más adecuada de poner en práctica el deseo es vincularlo a algo: a algo

---

1. N. del T. El autor descompone la palabra inglesa "de-sire" (deseo). De = of (de) y Sire (padre).

que uno necesita. Continuamente se nos ocurren ideas sobre cosas que necesitamos o circunstancias que deseamos que concurran. Y eso es lo que está estudiando en este libro. Utilice su Carta del Tesoro al máximo. Inténtelo. Tenga presente que puede alcanzar cualquier cosa que sea importante para usted: un buen empleo, un coche nuevo, buena salud, buenas notas, ideas creativas, todo lo que realmente desee. Usted es responsable de sí mismo, así que a usted corresponde decidir lo que desea.

CAPÍTULO 9

LEY DE LA INVERSIÓN DE LOS PLANOS

La Ley de la Inversión reviste cierta importancia, la suficiente como para que deba tenerse conocimiento de ella. En la práctica real tal vez sólo le desconcierte en el momento de atravesar los planos, al ver de un modo clarividente los efectos de la inversión. Quizá tenga fugaces atisbos de ello mientras sigue otras instrucciones que se dan en este libro.

En algún caso puede que tenga un momento fugaz de clarividencia y advierta algo como un nombre o señal de algo, también notará que las palabras se invierten, como reflejadas en un espejo. Esto se refiere a la única vez en que percibirá la inversión porque la escena no siempre es clara. Una calle invertida, por ejemplo, se parece mucho a una calle normal, y requiere algo de atención percibir que está invertida. Esta clase de examen o inspección detenida no suele darse en las escenas oníricas.

Una vez más, en este fugaz lapsus de clarividencia,

uno puede estar “atravesando” un plano y, por un “momento” (allí existe el tiempo real) detenerse a ver por qué el signo está invertido; atravesar ese plano, y en el siguiente las palabras haber vuelto a recuperar su posición normal.

La explicación de este fenómeno es que en relación con nuestro plano, el siguiente plano interno está invertido. A continuación, el siguiente plano interno estará invertido con respecto al anterior. Y así ocurre, sucesivamente, hasta llegar al último plano, en lo que respecta al cosmos físico. Dicho de otro modo más sencillo, todos los planos internos están invertidos entre sí. ¡Lo que aquí viene, allí va!

Veamos un sencillo ejemplo, demasiado sencillo en cierto modo, pero trate de comprenderlo bien. Pongamos por caso que en nuestro plano físico planeamos ir de picnic. Como usted sabe, empezaríamos aquí desde el principio, como 1-2-3-4, etc. Planeamos el picnic, compramos la comida, la preparamos, empaquetamos y envolvemos los alimentos, los ponemos en cestas, nos desplazamos hasta el lugar deseado, jugamos todo el día, comemos y, luego, regresamos a casa.

Ahora bien. Si los picnics existieran en el Plano Etérico (el plano que sigue a este), para ir de picnic tendríamos que regresar a casa primero, pasar el día en el lugar deseado, poner los alimentos en cestas, preparar los alimentos según el caso, cocinarlos, comprar la comida, planear la merienda al aire libre, etc. Como ve, lo que estoy escribiendo carece de sentido, y sin embargo así es como funciona en el siguiente plano a este.

En el capítulo anterior le hablaba de que en uno de los pocos fragmentos auténticos del Nuevo Testamento se supone que Jesús dijo: “Todo lo que pidáis..., creed que ya lo habéis recibido, y lo obtendréis”. A la vista de este proceso de inversión, ¿comprende ahora por qué se empieza a conseguir algo *sintiendo que uno ya lo tiene*? Al realizar el trabajo de visualización creativa de este modo, obramos de acuerdo con las Leyes de los Planos Internos y no en contra de ellas.

Se puede argumentar que *pensar* pertenece al plano físico inferior y que la *emoción-sensación* pertenece al siguiente (cualquiera que sea el nombre que le demos a los planos). Por eso ahora confío en que entienda cómo emplear conjuntamente el pensamiento y la sensación para obtener lo que desee.

Con esto llegamos al final de los capítulos dedicados al estudio de las Leyes del Arte de la Visualización Creativa.

En la primera parte de este libro, traté sobre el tema de la visualización creativa. Luego presenté los diez factores diferentes directamente relacionados con el arte de la visualización creativa. Primeramente expuse las leyes y los ejercicios y, luego, los describí con más detalle. Aunque advertí que daría las prácticas de estas leyes en la última parte del libro, incluí algunos ejercicios en la primera parte. Ahora, con el fin de ahondar más en el modo de usarlos y practicarlos, así como de ilustrar estas leyes, voy a tener que repetir algunas de las cosas de las que ya he hablado.

Mis amigos me acusan de recalcar mucho las cosas, y sé que tienen razón, pero puedo afirmar y afirmo, como lo he hecho anteriormente, que este tema es muy difícil y no resulta nada fácil enseñarlo bajo ninguna circunstancia, sobre todo a alumnos que como usted trabajan en solitario, sirviéndose sólo de un manual como este. No estoy escribiendo soberbia literatura que vaya a pasar a la historia como modelo de prosa perfecta. No... escribo cuestiones muy difíciles sobre un tema muy difícil. Considero que estoy obligado a enseñar este conocimiento secreto y estas prácticas esotéricas con la mayor exactitud y en el lenguaje más claro posible. Y cuando creo que algún punto obtuso no ha quedado lo bastante claro en la primera exposición, vuelvo a exponerlo dándole otra forma, de la misma manera o de otra, hasta estar bien seguro de que se ha comprendido y/o puede ser comprendido mediante una lectura repetitiva. Espero que el alumno estudie y practique tantas veces como sea necesario hasta llegar a dominar estos conceptos. Al menos así debe hacerse si uno desea comprender y aplicar las artes secretas de un modo efectivo para el desarrollo de las verdaderas Facultades Internas: para ayudarse a sí mismo en esta difícil vida física y hacerla más sencilla.

Que yo sepa, el material que presento en este libro nunca ha sido expuesto de este modo antes. Cuando mostré a algunos editores las líneas generales de contenido de este libro, me instaron a escribirlo en tres o cuatro volúmenes, repartiendo entre ellos su contenido, y a no sacar a la luz técnicas tan nuevas y valiosas en un solo tomo. Sin embargo, ahora tengo en mi mano mucho más material del que voy a ser capaz de emplear en toda mi vida, y usted lo recibirá todo en este único libro. No me reservo nada.

Repasaremos ahora algunas de las leyes, ampliando contenidos e incluyendo más ejercicios.

La Ley de la Visualización Física

Para quienes no han sido dotados con las facultades de la visualización creativa natural, y desde luego yo soy uno de ellos, la exposición de esta ley y su práctica es un regalo caído del cielo. No cabe duda de que la facultad de visualizar mentalmente es absolutamente necesaria para la visualización creativa, y sin embargo, que yo sepa, ningún maestro ha tratado este tema con la importancia que merece; ya no hablemos de dar directrices sobre el modo de desarrollar dicha facultad. Yo tuve que resolver este problema por mí mismo y descubrí que había varias formas de aumentar nuestra capacidad de crear imágenes mentales y he desarrollado diversos métodos diferentes de hacerlo.

La Técnica de la Visualización Física

La segunda ley está muy estrechamente relacionada con la primera, pero he decidido dividirlas en dos porque la cuestión de la visualización jamás se había tratado anteriormente, y la importancia de las imágenes mentales claras nunca antes se había enfatizado de este modo. En su primer trabajo práctico de visualización mental se le dio un ritual que aprender y practicar, tanto mental como físicamente. Se trata de un ritual muy antiguo y de enorme fuerza si se realiza correctamente. Espero que usted no haya dejado de trabajar en él. Lo incluí en la primera parte del libro para que tuviese algo que hacer mientras estudiaba el resto. Si siguió fielmente mis instrucciones y puso en práctica el ritual, a estas alturas debe haber desarrollado una notable capacidad de visualización. Debería ser capaz de realizar todo el ritual sentado; es decir, volver a verlo de principio a fin con el ojo de su mente, ejecutando todos los movimientos, yendo hacia delante y hacia atrás con la imaginación. Si no fuera así, no se desanime y empiece a hacerlo cuando se encuentre con ganas.

Trabajar con los Símbolos

A continuación, le voy a proporcionar algunas prácticas más de visualización. Encontrará cuatro símbolos en blanco y negro al final del libro (págs. 111 y 113). Los mismos símbolos se muestran en color en la solapa posterior de la cubierta del libro.

Para trabajar con estos símbolos, debe hacerlos usted mismo, primero en papel y después en pergamino. Considérelos algo muy privado. Guárdelos en algún lugar donde nadie pueda verlos ni tenga ocasión de manosearlos. Sucederá, según vaya utilizando sus propios símbolos, que éstos irán cobrando más fuerza y se irán cargando progresivamente de su magnestismo y del de las fuerzas que usted invoque. De momento, puede utilizar los símbolos coloreados que se dan en este libro como objetos de visualización, a fin de desarrollar su capacidad de visualizar. (En mi libro *The Art and Practice of Astral Projection*[1], incluyo más usos de estos símbolos, y recomiendo al lector su lectura para trabajos de un nivel superior).

El empleo de los símbolos para la práctica y desarrollo de la visualización es el siguiente:

Al inicio de cada sesión de trabajo le pido encarecidamente que realice primero el ritual físicamente, pues el otro lo realizará mentalmente, y el físico le servirá como un buen ejercicio de equilibrio. Si tiene tiempo de ejecutar el ritual, hágalo; si no, no lo haga, pero tampoco se sienta culpable si no lo realiza de forma continuada.

Ejercicio de Visualización

Antes de comenzar, póngase cómodo. Utilice una silla y una mesa de tamaño apropiado. Puede poner una música suave de fondo, pero habrá de ser definitivamente suave y nada estimulante, relajante y suave. Coloque

1. N. del T. En el momento de traducción de la presente obra se desconoce si este libro ha sido traducido al castellano.

ante usted la tarjeta del cuadrado amarillo con el borde azul, la que contiene el Elemento Tierra, con una buena luz que incida sobre ella, a ser posible desde atrás. Contemple la tarjeta tranquilamente. No fuerce la vista en modo alguno. El primer día, contemple la tarjeta durante unos tres minutos; luego vaya aumentando gradualmente ese tiempo hasta los cinco minutos, pero sólo una vez al día. Si siente alguna tensión, abandone el ejercicio por un día o dos.

Una vez transcurridos estos minutos, cierre los ojos y verá con su visión interior una imagen duplicada del símbolo con los colores complementarios. Observe tranquilamente esta imagen sin hacer ningún esfuerzo que cause interferencia. Se hará más fuerte y luego se desvanecerá, después volverá a aparecer, más débil cada vez. Obsérvelo hasta que desaparezca del todo. No emprenda acción alguna en contra de la imagen, tan sólo observe como va desapareciendo.

Repita este ejercicio con todos los símbolos, uno diferente por semana, pero no se imponga ningún ritmo estresante.

Cuando lleve varias semanas realizando este ejercicio, trate de evocar la imagen en su memoria: intente verla con el ojo de su mente. Estoy convencido de que le complacerá descubrir que en sólo dos o tres semanas es capaz de evocar las imágenes con toda facilidad –¡Y en color!

Cuando logre estos resultados, sabrá que puede visualizar adecuadamente si procede de forma correcta. Todo lo que tiene que hacer es *mirar aquello que quiere visualizar el tiempo suficiente para que quede fijado en su memoria*. (Eso no es lo que ocurre en realidad: sólo mirando el tiempo suficiente, usted hace algo muy distinto de aprender simplemente a recordar y visualizar. El hecho de mirar afecta a las fuerzas del plano interno, pero de momento lo único que debe saber es cómo hacerlo. Las razones esotéricas pertenecen a otro nivel más avanzado).

Practique contemplando fotografías, objetos reales, objetos que desee, aplicando la misma técnica arriba explicada. Ya le he hablado de las Cartas del Tesoro, con cuya aplicación puede practicar de forma extensa y provechosa. Nada es más cierto que ese viejo proverbio que dice: "La práctica hace maestros". Al menos en esto.

* * *

Consideremos ahora la exposición del concepto llamado *Esfera de Disponibilidad.* Este concepto abrió toda una nueva dimensión para la visualización creativa. Hasta el momento la idea básica de la visualización creativa consistía en suponer que cualquier cosa funcionaría si se visualizaba y se pensaba en ella el tiempo suficiente y con la suficiente insistencia – lo que es cierto –, pero con personas diferentes el proceso creativo también funcionaba de forma diferente. ¡Unas veces funcionaba de una manera y otras de otra, pero parecía que lo hacía de formas diferentes para personas diferentes en momentos diferentes!

Algunas veces parecía no funcionar en absoluto. Otras, con algunas personas, solía haber prolongadas demoras. Para otros, la tónica general estaba marcada por cortos períodos de tiempo. Cualquiera que haya ensayado estos métodos sabe de lo que estoy hablando. Y sin embargo no había nadie a quien recurrir. Los maestros del Nuevo Pensamiento que aplicaban esta ley consideraban una blasfemia cuestionar, del modo que fuese, cualquiera de sus métodos. Actitud esta que dificultaba muchísimo llevar a cabo un análisis razonable de la visualización creativa y de sus limitaciones, e incluso idear alguna técnica operativa que explicara por qué no funcionaba. Muchos estudiantes descubrían que, hicieran lo que hiciesen, los métodos de visualización creativa no les funcionaban.

Cuando descubrí el concepto de la Esfera de Disponibilidad pude resolver muchas de las antiguas dificultades que tenían los estudiantes con los métodos de visualización. La sencilla y nada oculta respuesta es que todo el mundo es diferente y, obviamente, lo que vale para unos no siempre vale para otros. Las personas no somos iguales. No todos hemos sido creados exactamente igual. La vida y los recursos de unos son diferentes de las vidas y los recursos de otros.

Esto viene a significar que el método de cada estudiante para asegurarse buenos resultados por medio de la visualización ha de ser distinto. Tal vez obtendríamos resultados mucho mejores si todos fuéramos tan pobres como el trapero de París. ¡Era tal su pobreza que sabía exactamente lo que necesitaba: una alfombrilla para los pies! Y partiendo de esa necesidad *exacta* pudo construir, paso a paso, una Esfera de Disponibilidad que, al final, logró abastecerle de una tremenda cantidad de cosas materiales. Espero que vuelva a leer lo anterior hasta comprenderlo del todo.

Pasemos ahora a usted y a mí, y a nuestro trabajo con la visualización creativa. Dado que no somos como el trapero en lo que a recursos se refiere, *nuestro problema es mayor que el suyo*. Porque él sabía exactamente cuál era su posición y nosotros no sabemos con exactitud cuál es la nuestra. La mayoría de nosotros poseemos algo. Como ya he dicho, la mayoría de nosotros pertenecemos a la "clase media", aunque se podría discutir mucho sobre el significado de esa expresión. Yo me refiero a que no somos ni ricos ni pobres; oscilamos entre bien acomodados y prósperos. Si uno goza de un nivel de vida medio, desea prosperar y mejorar su situación. Para muchos de nosotros tener sólo un poco es casi tan malo como no tener nada.

El problema es, pues, difícil de resolver, pero no insalvable. Haciendo uso de la información que ya tiene, puede replantearse como sigue: su actual esfera de disponibilidad es estática. Desea aumentarla con el fin de que crezca y le provea de aquellas cosas que ahora considera necesarias para su felicidad y bienestar físico.

Así que una vez replanteado el problema, queda de la siguiente manera: Necesita encontrar el punto exacto dentro del cual y a partir del que ha de construir u organizar su trabajo en la actual esfera de disponibilidad. Ese punto se halla prácticamente al lado de su primer objetivo deseado.

Para hacerlo, debe averiguar exactamente cuál es su actual Esfera de Disponibilidad. Ante todo, sea realista y no se deje llevar por meras ilusiones. Va a tener que comenzar por su esfera de disponibilidad y hacer que aumente hasta ese punto en que le proporcione las cosas que necesita.

Pero antes de empezar a trabajar en ello, deberá conocer y hacer dos cosas: saber con exactitud qué desea hacer de su vida en el futuro y saber lo que desea que le ocurra a usted el resto de su vida, si no con detalle al menos de un modo general. Pruebe a escribirlo lo mejor que sepa.

Ahora que ha anotado su propósito, mírelo y trate de comprender que eso que desea le vendrá a través de su Esfera de Disponibilidad. Así pues, eche una larga y fría mirada a su actual esfera.

Aquí el trabajo es de un carácter tan personal que me resulta imposible seguir aconsejándole. Tengo que delegar en usted y en el análisis que realice, el cual le mostrará dónde se encuentra realmente. Sin embargo, le proporcionaré algunos ejemplos ilustrativos. Pongamos por caso que su valoración le convence de que, por el momento, su empleo es su Esfera de Disponibilidad. Como es obvio, para que le proporcione las cosas que ha esbozado como objetos deseados en su vida tendrá que aumentarla. Analice minuciosamente su empleo. Sé que parece una perogrullada, pero ¿trabaja usted bien en realidad? ¿Hace todo lo que puede en su trabajo? Siempre y cuando haya decidido, tomando este caso como ejemplo, que su trabajo sea su actual Esfera de Disponibilidad, la ampliación de esta fuente de suministro será el comienzo de su fuente de abastecimiento. Como dije antes, el trabajo que lleve a cabo con su vida y con sus recursos se vuelve tan personal que no puedo ampliar más esta cuestión.

La Ley de la Limitación

Consideremos ahora la quinta Ley. Algunos de los ejercicios relacionados con muchas de estas leyes esotéricas se basan en el sentido común, asociados a la comprensión de la naturaleza de los planos internos. La idea general que todos parecemos tener de estos planos es que se encuentran libres de las limitaciones del plano físico, y es cierto, pero esa libertad sólo pertenece a dichos planos, y en cuanto que sus fuerzas se trasladan a este plano vuelven a quedar sujetas a sus leyes que es lo que nosotros queremos.

De las palabras de un autor ocultista de finales de siglo, podemos extraer algunas ideas referentes a las acciones de las fuerzas de los planos internos. Tengo un libro escrito por Arthur Edward Waite, publicado en Londres en 1898. En la introducción, Waite hace la siguiente afirmación sobre los planos internos, aunque en un tono algo jocoso (no debe tomarse demasiado en serio).

> Allí (en los Planos Internos) parecen imperar todas las paradojas, coexistir de forma lógica las contradicciones, el efecto ser mayor que la causa y la sombra más que la materia que la produce. Allí lo visible se funde con lo invisible, lo invisible se manifiesta abiertamente, el movimiento de un lugar a otro se lleva a efecto sin recorrer la distancia que los separa, la materia penetra la materia. Allí dos líneas rectas pueden delimitar un espacio; el espacio tiene una cuarta dimensión y campos no transitados más allá. Sin recurrir a la metáfora ni al sofismo, el círculo es matemáticamente cuadrado. Allí la vida se prolonga, la juventud se renueva, la inmortalidad física se asegura. Allí la tierra se vuelve oro y el oro tierra. Allí las palabras y los deseos poseen una fuerza creativa, los pensamientos son cosas, el deseo hace realidad su objeto. Allí... es fácil entrar en contacto con las jerarquías de la inteligencia extraterrestre... Allí la Ley de la Continuidad queda suspendida por interferencia de la superior Ley de la Fantasía.[2]

Como acabo de decir, Waite hablaba en tono jocoso, pero sus palabras nos dan una idea de lo que se consideran las diferencias existentes entre los planos internos y éste.

---

2. A. E. Waite, *The Book of Ceremonial Magic* (London: William Rider & Son, 1911, primera publicación en 1898), pgs. 3-4.

Al operar con la visualización creativa, resulta fundamental recordar que las fuerzas de los planos internos no están sujetas a ninguna forma de confinamiento del plano físico inferior hasta que se hacen descender a él de algún modo. Una vez bajadas y ancladas al plano físico, quedan confinadas y copiadas en él para poder manejarlas.

En el trabajo de tipo mágico y mental que llevará a cabo, puede agrupar fácilmente las fuerzas del plano interno, pero saldrán volando en desbandada inmediatamente con la misma facilidad. Sin embargo, existe un modo de sujetarlas. A efectos del sencillo trabajo que usted está realizando, bastará con que las conduzca a una *forma*, y esa forma será la forma del objeto imagen visualizado.

Si hace una declaración antes de comenzar el trabajo de visualización creativa, también será suficiente para atar las fuerzas hasta el punto necesario para la operación en particular que esté realizando. Trate de acostumbrarse a anotar antes lo que desee que se cumpla. Asígnele una finalidad determinada a cada sección del trabajo que ejecuta. No haga todo el trabajo de visualización en bloque y sin ningún propósito a la vista. Divida sus deseos en capítulos o apartados y trabaje con una sola sesión cada vez, completándola y clausurándola. Estos procedimientos actuarán muy eficazmente como ligaduras de las fuerzas del plano interior que usted "capture" para su trabajo.

Tenga presentes los casos que he narrado sobre las personas avaras que atraían hacia sí el dinero y luego no sabían darle ningún empleo –ni siquiera para alimentarse–, y que acabaron incluso muriéndose de hambre. Esto ocurre con más o menos frecuencia cuando se ha visualizado creativamente con el fin de obtener únicamente dinero en vez de acompañarlo de cosas o circunstancias. Si usted visualiza por dinero, corre el riesgo de obtenerlo y luego no poder utilizarlo para las cosas que desea. Incluso sucesos corrientes pueden impedirle emplearlo en aquello para lo que había deseado tenerlo.

En cierta ocasión viví una peculiar experiencia relacionada con estas líneas. Ahora mismo estoy escribiendo este libro en una máquina de escribir IBM. Desde que supe de su existencia deseé poseer una. No hice un verdadero trabajo de visualización para conseguirla porque mi Esfera de Disponibilidad me permitía adquirirla. El trabajo que llevé a cabo fue para encontrar la mejor máquina de escribir de segunda mano que pudiera al mejor precio. Me puse a trabajar en ello de tal modo que llegó a convertirse en un divertido juego (otra cosa que debe usted incorporar a sus prácticas: hacerlas divertidas). Encontré una en Hollywood y estuve a punto de comprarla, pero no me convencía del todo, y valía más de lo que yo creía poder pagar. Después de alguna reflexión sobre el asunto, decidí olvidarme del tema. Sin embargo, en mi siguiente viaje a la ciudad de Los Ángeles, encontré una magnífica máquina de escribir con un cartucho de tinta extralargo, justo lo que yo estaba buscando, a un precio muy similar al que yo había decidido pagar. No obstante, todavía sigo mirando impresos publicitarios y consultando precios de máquinas de escribir. Aún sigo sintiendo deseos de comprar una, ¡y ya tengo dos! En mi caso concreto el impulso no es demasiado fuerte, pero persiste, y si me dejase llevar por él, me traería problemas. Podría acabar comprando máquinas de escribir sin necesitarlas. Podría incluso comprar más máquinas de escribir a buen precio y revenderlas con ganancias, lo que sería una forma de proceder aceptable. Así que cuidado con seguir alimentando el sentimiento de deseo después que éste se haya cumplido. Desvíelo cuanto antes en otra dirección.

La Ley de la Atadura

Nuestro cosmos físico está gobernado por la polaridad más de lo que creemos. En realidad, ser conscientes de la polaridad del cosmos físico y ser capaces de reconocerlo es un arte de iluminados. Por favor, a partir de ahora mire a su alrededor y tome en consideración la naturaleza dual del universo; y recuerde que todo lo que sube tiene que bajar. Hace falta estar muy evolucionado para reconocer la polaridad, y más aún para sacar provecho de ella. Hasta una cosa tanta terrenal como la bolsa de valores muestra este efecto con toda claridad. Cuando la bolsa sube, la persona menos evolucionada se ve atraída por el efecto y es arrastrada por el mercado alcista. Cuando el mercado baja, la persona se siente profundamente decepcionada y se sale de él. La gente sigue los efectos sin advertir las causas. No me acuerdo del nombre de alguien riquísimo que decía con toda franqueza que la razón de que fuese millonario era que compraba cuando todo el mundo vendía y que vendía cuando todo el mundo compraba. Desde luego, nadie le creyó y siguieron obrando exactamente igual que antes.

La cuestión de todo esto es que todas las fuerzas que influyen en el plano físico son duales: tienen dos caras. Todas las fuerzas con las que usted entre en contacto para que trabajen en su beneficio poseen esta doble polaridad, y al contactar con ellas lo hace con ambos polos a la vez.

Por eso, aunque uno pueda hacer que una fuerza trabaje en su favor tal y como desea que lo haga durante algún tiempo, tarde o temprano, llegará el momento en que el lado opuesto de esa fuerza tomará el relevo y, mediante su efecto inverso, la persona perderá todo lo ganado. Y eso ocurre muchas veces cuando uno menos lo espera.

¿Cómo protegerse, pues, de ese efecto inverso causado por la naturaleza dual de todas las fuerzas? Probablemente en su trabajo de visualización sea suficiente si, teniendo en mente la naturaleza dual de todas las fuerzas, añade, al escribir su frase de limitación, otra frase que diga algo así: "También deseo que cuando el objeto de este trabajo de visualización en particular sea alcanzado no tenga lugar el efecto contrario, sino que la fuerza opuesta de la que estoy invocando quede atada y yo posea el objeto obtenido tanto tiempo como pueda utilizarlo provechosa y eficazmente." Tampoco estaría de más añadir la siguiente afirmación: "He de poseer el objeto conseguido hasta que sea reemplazado por otro mejor, etc.". Cualquier afirmación semejante a éstas servirá de atadura.

Casi cualquier sentencia como las de arriba será apropiada siempre que se use con sentido común y se diga con verdadera intención. El problema no viene causado por la posible impotencia de una acción de unión emprendida por uno, sino por ignorar que existe esa reacción de las fuerzas duales, o que todas las fuerzas son duales.

Uno de los casos más destacados que he oído narrar en relación con la ignorancia de esta naturaleza dual de las fuerzas es el de Mrs. Eddy, descubridora y fundadora de la *Christian Science Church*[3], a quien todo creyente

3. N. del T. Mary Baker Eddy descubrió y estableció un sistema de sanación espiritual basado en la Biblia al que llamó *Christian Science*. Puede encontrarse una explicación detallada en su libro *Science and health with key to the Scriptures*.

de metafísica debe estar agradecido por su pionera labor. Cuentan que durante los últimos años de su vida, Mrs. Eddy sufría de extraños ataques nocturnos, en los que padecía de agudas crisis de angustia. Nadie llegó jamás a diagnosticar aquellos ataques con acierto. Ella les daba la denominación de Magnetismo Animal Perverso. Estoy bastante convencido de que aquellos extraños ataques estaban provocados por el "otro" lado de las fuerzas que ella misma invocaba y enseñaba a otros a invocar, sin tomar la precaución de atar la otra cara. Todo apunta a que esta suposición es cierta. El magnetismo animal perverso pudo muy bien ser el lado desatado de la fuerza llamada amor divino que ella tanto invocaba. No pretendo ofender a Mrs. Eddy ni quiero levantar ninguna polémica al respecto. Esta señora me merece un gran respeto y tiene todo mi reconocimiento por la obra que llevó a cabo.

La Ley de la Barrera

Las palabras y las emociones son herramientas gemelas en el trabajo de visualización creativa. ¡Hay que estar, pues, bien pertrechado de palabras y de emociones para llevar a cabo esta labor! Sin embargo, aunque uno sólo disponga de unas cuantas palabras también será válido, siempre que éstas vayan ligadas a fuertes emociones. Son las emociones fuertes las que hacen funcionar el plano interno y no una multitud de vocablos. Una fuerte emoción de deseo es en extremo necesaria. Hay muchas personas que temen abandonarse al sentimiento de fuertes emociones de deseo, y sin embargo es precisamente el deseo la fuerza motriz de nuestras vidas. Sin deseos no somos nada. Cuando algunas personas pierden el deseo de vivir, realmente se abaten y mueren sin poder hacer nada por evitarlo.

Al aplicar la siguiente Ley, utilice el deseo en todo lo que vale. Si siente que sus deseos emocionales necesitan ser espoleados, siempre y cuando los reconozca por lo que son, ponga un poco de fantasía y ensoñación en su Carta del Tesoro. Hágase con imágenes que le causen "excitación" e intensifíquela.

La Ley de la Carta del Tesoro

Un maestro muy bueno que yo conozco enseña que hay que montar escenificaciones de los acontecimientos que uno desea que ocurran. Este mecanismo se puede aplicar muy bien relacionándolo con las imágenes contenidas en la Carta del Tesoro. Disponga las imágenes de modo que cuenten una historia. Emplee su ingenio para construir una secuencia de imágenes que produzca la cosa o circunstancias deseadas. No le dé demasiada importancia a las lagunas o vacíos que dejen las imágenes no representadas: súplalas tendiendo puentes imaginarios entre ellas. La idea principal es estimular las emociones de deseo para que éstas produzcan un efecto en su subconsciente.

Al llevar a cabo estos sueños, déjese llevar. Haga que los personajes y las imágenes digan y hagan lo que usted quiera. No obstante, es mejor que no imagine personas reales ni conocidas ejecutando dichas acciones. Las personas reales son propensas a sentir su trabajo, y esa sensación pondrá en movimiento corrientes adversas a sus propósitos. Opere sólo con personajes imaginarios e imágenes de cosas igualmente imaginarias, o bien con imágenes de objetos reales pero representaciones de personas imaginarias. Lo que en realidad está haciendo es operar con los equivalentes u homólogos de las cosas reales, y sobre éstos puede ejercer un control que no puede ejercer sobre las personas y/o cosas reales.

Los equivalentes son mucho más fáciles de controlar que los objetos físicos que representan, y es posible obtener muy buenos resultados operando con ellos. Así que no opere con personas reales porque podría obtener resultados muy insatisfactorios; no es que vaya a ser nefasto, sino sólo insatisfactorio.

La Ley de las E-mociones

Como es habitual en este trabajo, la Ley de las E-mociones se continúa con la siguiente ley, la de la inversión. Todas estas leyes están íntimamente relacionadas, sobre todo cuando nos adentramos en distinciones tan finamente hiladas como éstas. He aquí otra definición de E-moción: Una emoción es algo cuya naturaleza pertenece al aquí y ahora. No puede existir como emoción futura. ¡Todas las emociones son ahora! Uno puede sentir una emoción sobre algo que cree podría sobrevenirle en el futuro, pero esa emoción la experimenta justo en ese momento. ¡No es posible pensar en una emoción sin sentirla!

El razonamiento anterior constituye la base para operar con las emociones. Otra forma de considerarlo es esta: como el siguiente plano a este está invertido, puede considerarse como una especie de espejo y ver en él las cosas que uno ya desea. Suponga que se acerca a ese plano como se acercaría a un espejo, sosteniendo en la mano algo que desea (con su imaginación). ¡Pues bien, ahí tiene ya visible lo que desea en ese espejo del plano interior invertido! Y dado que ya existe ahí, mediante la operación de visualizarlo, los medios para su existencia en dicho plano interior tuvieron también que nacer, porque de no ser así ni siquiera podría verlo allí con su imaginación. Por lo tanto, al crear la representación imaginaria, usted creó los medios para su existencia. Y la razón por la que puede hacer esto es a causa de la naturaleza invertida del plano que sigue a éste.

¡Ahora, observe! Si no consigue que el rayo llegue demasiado lejos por medio de la ensoñación, sirviéndose de la fantasía puede rastrear una posible línea de creación del objeto reflejado y, cuando llegue lo bastante lejos, tratar de vincular esa línea de fantasía con su esfera de disponibilidad.

Inténtelo. Supongo que no le hará daño mientras no pierda de vista su perspectiva. Emplee todo tipo de pensamiento, de sentimiento, de fantasía, de ensoñación, de planificación, investigando cualquier cosa que convenga a su naturaleza. Siéntase libre para experimentar cuanto le plazca, y hágalo sin limitaciones, teniendo siempre presente que está soñando despierto a sabiendas, pero recuerde que en el fondo de todo yace realmente su Esfera de Disponibilidad.

Aquí, llegados a este punto, podríamos ponernos hechos una fiera y empezar a hablar de átomos, de fuerzas elementales, ¿son las cosas verdaderamente reales? ¿Qué significa la palabra real en realidad? Pero seamos prácticos. Uno puede decir que las intensas emociones que genera lanzan ríos de una fuerza que atrae las cosas deseadas hacia sí, y esto debe ser cierto porque uno normalmente obtiene la cosa por la que "exterioriza sus sentimientos". (Desde luego, en estos tiempos que vivimos de procesos de manufacturas en serie en realidad no tenemos que obtener una cosa determinada, servirá con un duplicado de esa misma cosa. Así que trate de tener este concepto en mente, déjela abierta). Una cosa en cambio es segura: hay que tener el deseo que a su vez ha generado la emoción creada por el deseo.

En realidad es equivocada la forma en que estoy exponiendo esto. Suena como si uno no trabajara sobre su

Esfera de Disponibilidad a menos que deseara algo. Esto es incorrecto. No es mi intención trasmitir esa idea en absoluto. Su vida debería ser un crecimiento planificado y ordenado de su Esfera de Disponibilidad sin improvisaciones erráticas como parece que estoy defendiendo. De hecho, tan natural debería llegar a ser su creación de su Esfera de Disponibilidad que llegara a olvidarse de ella mientras la construye.

Recuerde (repito de nuevo) que el objeto de su vida debería ser construir su Esfera de Disponibilidad para que pueda proporcionarle las cosas que desea, y lo que desea ha de ser aquello hacia donde orienta su objetivo; y para orientar su objetivo debe pensar y planificar seriamente.

Si lo que desea es un Rolls-Royce, deberá recordar que para conseguirlo ha de disponer de una Esfera de Disponibilidad acorde con ese tipo de coche, y mientras no sea así, no conseguirá ese automóvil. En cambio, hay una cosa positiva que se puede decir y es que creándola apropiada, correcta y perfectamente en pasos sucesivos –y unas cuantas cosas más– uno puede edificar esa Esfera de Disponibilidad que le permita crear un tipo de esfera base equivalente. No creo que nadie ponga esto en duda.

CONCLUSIÓN

Mientras repaso estas páginas, me pregunto si habré omitido algo o si me habré olvidado de decir alguna cosa elemental. Podría haberlo redactado con mejor prosa, pero si no me detengo, tal vez hubiera seguido indefinidamente mejorando las palabras y las frases, y revisando una y otra vez, incesantemente –y entonces no sé cuando habría acabado de escribir el libro.

Me descargaré diciendo, como ya comenté en mi primer libro, que no trato de escribir una prosa soberbia –nunca seré un gran escritor– no, sólo escribo para enseñar conocimientos esotéricos básicos y para dar instrucciones de trabajo básicas. El tema sobre el que escribo es difícil, quizá el más difícil del mundo, el tema de los seres humanos y de sus facultades, y de cómo podemos utilizarlas para protegernos de los daños que causa el plano físico. Ciertamente es un tema que hace tambalearse nuestra capacidad y nuestra confianza. Yo no escribo para ayudarme a mí mismo, ni para ayudarle a usted, sino para enseñarle a que se ayude a sí mismo.

Tal vez se me reproche el haber escrito muy pocas páginas sobre un tema tan extenso. Admito que no he metido paja. Al contrario: he intentado ir derecho al grano y directo al corazón de las enseñanzas secretas, y, en un lenguaje lo más sencillo posible, explicar el conocimiento básico del arte de obtener bienes materiales por medio de la visualización creativa. Luego he expuesto cuáles son los instrumentos del oficio, seguidos de instrucciones de trabajo prácticas sobre cómo utilizarlos. He intentado aclarar las cosas y ceñirme al tema, no adentrándome demasiado en nuevos pensamientos cargados de éxtasis y efusividad sobre el amor divino en oposición al frío intelectualismo, porque ninguno de los dos extremos nos llevará a ninguna parte. Escribo para estudiantes normales pero serios, que comprendan la materia y sepan emplearla. ¡Así que, por favor, en su propio beneficio, aprenda el arte de la visualización creativa y aplíquelo!

—OPHIEL

ÍNDICE

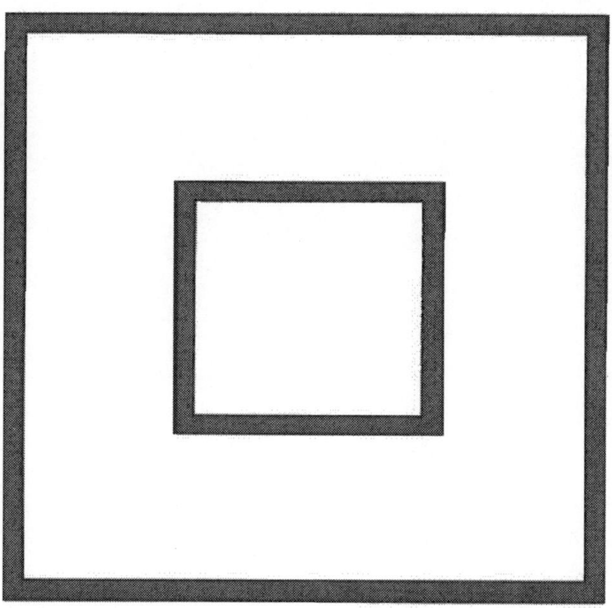

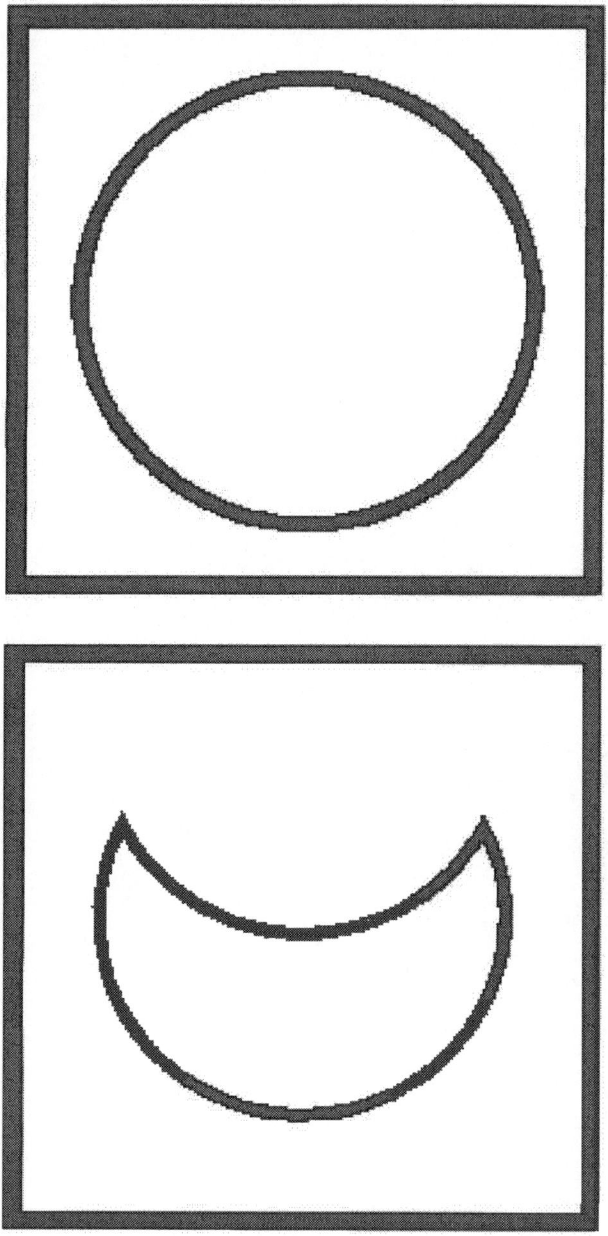